히든 히어로스

한국 반도체 산업의 도전과 성취,
그 생생한 현장의 이야기

히든 히어로스

임형규 | 양향자 대담

반도체 굴기의 주역이 쓴 흔치 않은 책

최무선이나 장영실의 사례에서 확인할 수 있듯이, 한민족사에도 과학기술 분야에서 두드러진 성과를 낸 인물들이 있었다. 그러나 조선의 지배층이 성리학을 숭상한 이후, 이들 같은 천재적인 발명가들은 좀처럼 등장하지 않았다. 반면, 18세기 공학기술자를 아끼고 대우한 영국은 산업혁명을 일으키고 세계를 제패했다. 사회와 국가가 어디에 가치를 두고 어떤 사람을 인정하느냐에 따라 나라의 명운이 갈렸다.

대한민국은 조선과는 달랐다. 1970년대, '공업입국'을 국가 비전으로 정한 뒤, 기술인재들을 양성하고 기술산업을 장려했다. 그 결과, 한국은 다수의 첨단 기술산업에서 중요한 위상을 확보하게 되었다. 이 책의 제목인 '히든 히어로스'는 이 같은 기술입국의 과거, 현재, 미래의 주역들을 지칭한다. 이들은 전문지식, 창의성과 함께 국가발전에 대한 소명감, 사회에 공헌하는 '서번트(Servant) 정신'

까지 갖춘 사람들이다. 내가 꿈꾸던 공학자의 모습이다. 우리 사회
가 이들을 아끼고 귀하게 여길수록, 더 많은 젊은이들이 이 길을
가게 될 것이다. 한국이 번영하는 길이다.

임형규 전 삼성전자 사장은 '히든 히어로'의 살아있는 모델이다.
삼성의 반도체 사업진출 초기부터 30여 년간 반도체 산업의 성장
과 함께 엔지니어가 CEO로 성장하는 좋은 모델을 보여주었다. 이
책에는 그가 반도체 공학자, 경영자, 전략 입안자로서 경험한 현장
의 이야기와 그 경험을 바탕으로 한 미래 제언이 담겨있다. 반도체
굴기 현장의 주역이 쓴 흔치 않은 책인 만큼, 글의 곳곳에서 훌륭
한 시사점을 발견할 수 있었다. 반도체와 첨단산업에 관심이 있는
사람들과 그 산업에서의 성장을 꿈꾸는 이들에게 일독을 권한다.

김충기 | 카이스트 명예교수

히든 히어로들의 투지와 열정의 기록

이 책은 반도체 산업이라는 한국의 특별한 성공 경험을 실행 현장의 시각으로 쓴 드문 기록이다. 임형규 전 사장은 삼성의 반도체 굴기 과정을 그 시작 단계부터 함께 했고, 수많은 개척 현장에서 수십 년간 나와 힘을 합쳐 일했다. 그는 반도체 제품 개발의 산증인으로, 메모리와 시스템반도체, 파운드리에 이르기까지 삼성의 거의 모든 반도체 사업개척에 참여했다.

그동안 나는 임형규 전 사장이 이 소중한 역사를 기록할 수 있는 적임자이고, 또한 그 경험을 꼭 후진에게 전달해야 한다는 생각으로 집필을 권유했다. 이 책은 그의 경험을 중심으로 반도체 산업개척 당시 현장의 숨 가쁜 모습을 생생하게 보여주고 있으며, 그 경험에서 얻은 통찰을 전달한다.

첨단산업의 성공은 기술인재의 충분한 확보가 그 시작점이고, 이들이 기술적 능력은 물론 열정과 소명감을 갖춘 '히든 히어로'로 성장할 수 있느냐가 성패의 관건이다. 이들을 소중하게 여기고 아끼는 국가가 번영한다는 사실을 우리는 역사의 수많은 사례에서 확인해왔다. 반도체를 비롯한 한국 기술산업의 오늘이 있기까지 수많은 히든 히어로들의 노력이 있었다. 그 노력의 의미를 생각해보게 하는 이 책을, 미래의 히어로들이 꼭 함께 읽었으면 하는 것이 나의 진정한 바람이다.

이윤우 | 전 삼성전자 부회장

각색되지 않은 반도체 현장의 이야기

오호대장군(五虎大將軍)이라는 칭호가 있다. 소설 삼국지연의에 등장하는 다섯 명의 호랑이처럼 용감한 장군을 일컫는 말이다. 이들이 사실상 천하삼분지계(天下三分之計)를 가능케 한 주역들이다. 나는 임형규 전 사장을 삼성전자의 신화를 창조한 오호대장군 중 한 명으로 생각한다.

그를 만나본 사람은, 그가 뼛속까지 철저히 공학기술자(Engineer)임을 얼른 알아차릴 수 있다. 그는 세련된 처세가가 아니다. 표현은 단순하지만, 논리는 명료하다. 상대방의 관심보다는 본인의 주장에 더 충실한 편이다. 나는 한국 최고를 넘어 세계적인 대기업 삼성전자의 최고경영자(CEO) 자리에 오른 임형규 전 사장의 성공 비결이 못내 궁금했다.

문명사(文明史)적 측면에서 산업혁명이라는 거대 담론에 천착하고 있는 나 같은 사람에게 반도체산업의 역사에 관한 서평이나 추천은 능력 밖의 일같이 느껴졌다. 그러나 평소 임형규 전 사장이 가진 어떤 인간적 매력과 오로지 엔지니어로서 승부하여 최고경영자에 오른 그의 성공비결에 관한 오랜 궁금증 때문에 그가 보내온 원고를 읽기 시작했다.

이 책은 가다듬을 여지가 무궁무진한 원석(原石)과도 같다. 각 시기별로 기술에 초점을 맞춰 글을 발전시키면 반도체를 연구하는 공학도를 위한 훌륭한 교과서가 될 수 있다. 반도체 패권을 두고 펼쳐진 기업 간 국가 간 경쟁상황을 면밀하게 분석하면 훌륭한 산업정책서가 될 수도 있다. 이런 가능성을 일축하고 "내가 할 일은 여기까지"라고 단언하는 그의 태도에서 골수 엔지니어, 결기 있는 CEO 임형규의 매력을 다시 한번 느끼게 한다. 이제 이 책을 어떻게 읽고 해석하고 배우는가는 독자의 몫이다. 각색되지 않은 반도체의 진짜 역사를 있는 그대로 알고 싶은 분들께 이 책의 일독을 추천한다.

임형규 전 사장이 어떻게 오호대장군처럼 CEO로서 성공할 수 있었냐고? 그는 용장(勇將)처럼 보이지만 지장(智將) 이상의 덕장 (德將)이었다. 양향자와 같은 숨은 인재를 발굴해 영웅처럼 길러내는 탁월한 리더십이 그의 성공비결이었다.

김태유 | 서울대학교 명예교수

감사의 글

이 책의 발간에 즈음하여,
오랜 기간 함께 반도체 산업을 일구며 동고동락한 많은 분들께 감사드립니다.
묵묵히 힘든 길을 걸어 오늘의 한국 반도체 산업을 만든
히든 히어로들이 있었기에 이 책이 탄생할 수 있었습니다.
이 책이 나오기까지 많은 분이 격려해주고 도움을 주셨습니다.
격려와 함께 추천사를 써주신 김충기 님, 이윤우 님, 김태유 님께 감사드립니다.
책의 완성에 많은 도움을 주신 정태성 님, 김병철 님, 김상룡 님,
책의 보완에 도움을 주신 김광교 님, 김재욱 님, 이원식 님, 조수인 님,
신윤승 님, 서강덕 님, 정칠희 님, 이윤태 님, 민정기 님, 김창현 님,
김현식 님, 조동원 님께 감사드립니다.
책의 출간 전 과정에 노력을 아끼지 않은 출판사의 박경수 대표님,
한결같이 지지해준 가족들이 큰 힘이 되었습니다.

반도체는 한국에 주어진 역사의 선물이다

"팀장님 저는 왜 책상이 없어요?"

내가 양향자에게 관심을 가진 건 그때부터다. 고졸 신입사원으로 입사하여 팀의 연구원보조로 배정된 직후였다. 당돌한 질문이라는 생각도 들었지만, 팀원을 제대로 챙기지 못했다는 생각에 미안하기도 했다. 이후 15년, 나는 부서장으로서 그의 성장을 지켜볼 수 있었다. 그는 스스로 공부하고 기술자로서의 역량을 키워 최고 수준의 반도체 설계 분야 기술자로 성장하였다. 순수한 열정과 진정성, 소명감으로 일하는 그를 모든 이들이 좋아하고 도와줄 수밖에 없었다.

양향자의 성공은 나와 함께 일했던 여러 연구원의 성공사례 중 하나다. 자신을 드러내지 않고 묵묵히 일하였기에, 그 빛나는 성취가 눈에 드러나지 않는 이들이 많다. 그러나 바로 그들이 오늘날 삼성전자의 반도체 신화를 창조한 진정한 주역들이다. 나는 그들을 히든 히어로스(Hidden Heroes, 숨은 영웅들)라고 부른다. 내가 리더로서 그들이 마음껏 능력을 발휘하여 삼성전자와 반도체 산업기술 발전에 일익을 담당하도록 도운 것이 내 삶의 가장 큰 보람이었다고 자부한다.

반도체 산업의 성공은 함께 일했던 모두에게 절실했다. 당시 반도체 산업은 개인, 회사, 나아가 국가에 이르기까지 모두가 모두를 걸어야 하는 임전무퇴의 현장이었다. 그 꿈의 실현 현장에 함께 했던 양향자가 정치인으로 변신하여 한국의 미래를 위해 더 큰 헌신을 하게 되었다. 나는 반도체 산업 성공 사례 속에 한국의 미래를 열어 줄 수많은 열쇠가 숨겨져 있다고 오랫동안 생각해왔는데, 그도 비슷한 생각을 하고 있었다.

우리는 한국의 반도체 산업이 어떤 과정으로 여기까지 왔는지, 진정한 성공 요인과 시사점은 무엇인지, 성공을 이어나가기 위해 한국 사회가 해야 할 일은 무엇인지 많은 이야기를 나누었다. 그의 질문들이 나의 지난 기억들을 되살렸고, 미래를 생각하게 했다. 이 생각들을 더 많은 독자와 공유하자는 양향자 의원의 설득이 이 책을 끌어내었다.

이 책은 내가 28년간 반도체 산업 개척현장에서 보고 느끼고 실행한 일들에 관한 이야기다. 나의 경험에 근거했기에 나의 시각으로 이야기할 수밖에 없었지만, 가능한 한 당시의 개척현장을 넓은 시각으로 현장감 있게 보여주려 노력했다. 엔지니어로 입사하여 사장으로 성장하는 과정도 함께 확인해볼 수 있다.

반도체 산업이 성공하기까지 중요한 요소들이 있었다. 널리 알려져 있듯이 삼성의 탁월한 리더십이 있었고, 산업화를 향한 정부의 의지도 있었다. 그리고 무엇보다 이 산업을 개척한 주역이지만 잘 알려지지 않은 수많은 히든 히어로들이 있었다. 바로 이 히든 히어로들이 반도체 산업의 오늘이 있게 한 주역이자 한국의 미래를 열어갈 키워드다.

반도체 산업은 한국의 산업화 시기와 맞물려 성장한, 우리에게 주어진 특별한 역사의 선물이다. '헝그리 정신'으로 무장한 수많은 엔지니어가 이 산업에 참여했다. 그 결과, 한국은 지난 40여 년의 치열한 글로벌 경쟁 끝에 반도체 산업 강국으로 발돋움했고, 반도체는 명실공히 한국 경제의 중추 산업으로 자리 잡았다.

앞으로도 이 산업의 성장이 계속 이어져 4차 산업혁명 시대에는 그 중요성이 더해질 전망이다. '글로벌 필수재'인 반도체 산업의 경쟁력이 올라가면, 한국의 경제뿐만 아니라 안보, 미래산업 그리고 국격까지도 올라간다.

중국의 반도체 굴기 의지, 미국·유럽·일본의 자국 반도체 산업 육성 정책으로 인한 한국 반도체 산업의 리스크에 관해 많은 이야기가 오가고 있다. 그러나 기술적 우위가 모든 외부환경을 압도하는 반도체 산업의 속성은 변하지 않을 것이다. 특히 메모리반도체를 포함한 대부분의 범용 반도체는 결국 '가격'과 '품질'이 경쟁의 핵심이고, 이는 기술적 우위로 확보할 수 있는 요건이다. 한국이 인재육성에 소홀하거나 경쟁력을 떨어뜨리는 정책으로 스스로 무너지지만 않는다면, 한국의 반도체 산업은 더 크게 성장할 수 있는 기술 기반을 갖추고 있다. 이 특별한 산업을 지키고 키우기 위해 다시 한번 의지와 결기를 가다듬을 시점이다.

임형규

반도체 역사의 현장에서 미래를 보다

"양향자, 이 친구 물건이네!"

임형규 팀장이 툭 던지고 간 숙제를 똑 부러지게 해냈다는 칭찬이었다. 복잡한 영문 서식을 제대로 정리했다며 무척 기특해했다. 그는 기억하지 못한다.

1985년 고졸 여사원으로 삼성반도체에 입사한 나의 첫 직장 상사가 임형규 차장이었다. 연구원보조에서 반도체 엔지니어를 거쳐 임원인 상무로 가는 내 인생의 길목마다 무뚝뚝하지만 속 깊은 그의 충고가 있었다. "잘 모르더라도 기술회의에 들어와서 지켜보라."라며 엔지니어의 길을 열어주었고, 비서로 자리를 옮기라는 회사의 요청에 "너는 엔지니어다. 거기에 가면 제대로 경력을 쌓을 수 없다."라며 개발실에 남게 한 이도 그였다.

회사를 떠나 정치인의 길로 접어든 지금도 그는 여전히 나의 멘토다. 그와 나는 과거 삼성의 반도체 굴기 과정과 한국의 미래에 관해 종종 이야기를 나눈다. 대부분은 내가 그의 이야기를 듣는다.

이야기를 들을수록 내 사고의 지평이 넓어지고, 대한민국 미래산업의 길이 또렷해졌다. 혼자 듣기 아까웠다. 그래서 이 책의 출판을 그에게 제안했다. 그의 경험과 통찰을 더 많은 사람이 공유하면 좋겠다고 생각했다. 그를 설득하기까지 꽤 오랜 시간이 걸렸다.

책의 완성을 위해 그와 대화를 나누는 내내 행복했다. 신입사원으로 입사한 이후 15년간 나를 이끌어준 상사와의 대화는 때로는 전우 같았고, 형제 같았으며, 장성한 딸과 아버지의 이야기 같았다. 우리는 함께한 지난 시간과 각자 살아온 날을 함께 여행하며 많이 웃고, 때로는 가슴 벅차하고, 가끔은 함께 답답해하고 안타까워했다. 수많은 나의 질문이 그의 기억을 살려내고 그의 통찰을 끌어내며 이 책이 완성되어 갔다.

임형규 전 사장은 삼성이 반도체 사업에 진출한 이듬해인 1976년에 엔지니어로 입사했고, 이후 2003년까지 삼성의 반도체 굴기전 과정을 28년간 현장에서 경험했다. 반도체를 떠나 2009년 사장으로 퇴임할 때까지 6년간은 삼성그룹 종합기술원장, 삼성그룹의 미래사업 발굴을 책임지는 신사업팀장으로 일했다. 뛰어난 엔지니어로, 탁월한 경영자로 삼성의 반도체 사업 성공과 미래 개척에 기여했다. 이 책에 그의 경험과 통찰이 오롯이 담겼다.

날이 갈수록 첨예화하는 미·중 반도체 갈등 속에서도 한국의 존재감은 뚜렷하다. 2022년 초, 미국 바이든 대통령이 한국을 방문하자마자 삼성전자를 찾은 것이 그 상징적 장면이다. 한국은 D램과 낸드플래시 부문에서 절대 강자의 위치를 구축하였고, 점점 더 전략적 가치가 높아지는 파운드리 산업에서 세계 톱2의 위상을 확보하였다. 이미지 센서, AP 등 주요 시스템반도체에서도 세계 정상급 플레이어이다. 그러나 끊임없이 발전하는 반도체 기술 특성은 한국에 멈춤 없는 분발을 요구한다. 기존 반도체뿐만 아니라 미래 AI 반도체에서도 더 강해져야 하고, 연관된 나노 산업 분야에서 글로벌 경쟁력을 높이는 일에도 총력을 기울여야 한다.

첨단기술 산업이 한국의 위상과 존재감을 키우고, 나아가 한국을 스스로 지키는 힘이라는 생각으로 국력을 집중해야 한다. 열강에 둘러싸인 '한국의 진정한 자유는 기술패권으로부터 나온다'라는 것이 나의 생각이다. 이제 우리는 무엇을 해야 할까? 그의 이야기에 귀를 기울여 보자.

양향자

차례

2부 한국 반도체 산업의 미래를 생각하다

지난 50여 년, 반도체 기술 발전이 일으킨 정보산업 패러다임 변화와 글로벌 기업지형 변혁을 이야기한다. 정보산업은 각각 15년간 이어진 PC 시대, 디지털·전자 시대, 스마트폰 시대를 거쳐 현재의 4차 산업혁명으로 연결되었다.

글로벌 반도체 산업지형과 한국 반도체 산업의 위상을 정리해 본다. 한국은 미국에 이어 세계 2위의 반도체 산업국이고, 향후 역할 확대의 여지가 있다. 그러나 미국과 중국의 반도체 산업 확대정책이 잠재적 위험요인이다.

반도체는 한국 경제의 가장 중요한 버팀목이고, 경제, 안보, 미래산업 측면에서 전략적 가치가 큰, 한국에 매우 특별한 산업이다. 이 산업의 주역인 '히든 히어로스'를 키우는 국가와 기업이 이 산업에서 승리할 수 있다.

한국의 미래, 기술인재에 달려 있다

- 임형규 -

15~16세기 대항해 시대에 서구 제국이 신대륙과 새로운 식민지를 찾아 선단을 띄워왔듯이, 현대의 산업 국가들은 과학기술의 진전이 탄생시키는 새로운 산업을 선점하기 위해 각축해왔다. 과학기술의 발전이 창출한 신산업들이 마치 신대륙과도 같은 새로운 부의 원천이기 때문이다.

1, 2차 산업혁명으로 탄생한 철강, 석유화학, 기계, 자동차, 비행기, 제약, 은행 등의 산업은 미국, 유럽, 일본 등 당시의 공업국들이 후발국과의 격차를 확대하여 부유한 선진국의 위치를 굳히는 결정적인 기반이 되었다. 3차 산업혁명으로 탄생한 반도체, 컴퓨터, 통신, 전자, 인터넷 등의 산업은 기존 선진국에 더하여 한국, 대만에 선진국 도약의 기회를 제공하였다. 인공지능이 열어가는 4차 산업

혁명 시대에는 정보산업의 고도화와 함께 에너지, 건강, 교통, 금융 등 거의 모든 산업영역에서 수많은 기회를 열어줄 신대륙이 떠오를 전망이다. 반도체는 이 모든 신산업의 기반이다.

반도체 산업의 가치 그리고 과제

반도체 산업에의 도전은 한국이 첨단 산업국가로 도약하는 첫걸음이었다. 그리고 이 산업의 성공이 훌륭한 신산업 대륙 개척 모델이 되었다. 한국의 반도체 산업은 국민 모두에게 부를 가져다주는 거대한 유전과도 같다. 날이 갈수록 점점 더 중요해지고 끝없이 성장하는 반도체 산업의 성공요인을 제대로 이해하여 더 큰 성공으로 이끌어야 한다.

널리 알려진 대로, 삼성의 반도체 사업 성공의 바탕에 이병철 창업 회장의 결단과 이건희 회장의 탁월한 경영이 있었다. 그러나 삼성의 반도체 성공신화는 홀로 이룬 것이 아니다. 미국이 만들어낸 글로벌 반도체 시장이 있었고, 한국 정부의 강력한 첨단산업 육성 의지와 지원도 있었다. 그 기반 위에 한국 사회가 배출한 수많은 헌신적인 인재들의 노력이 합쳐졌다. 바로 그들이 이 책의 제목인 '히든 히어로스'이고, 이 '히든 히어로스'가 한국의 미래를 열어갈 열쇠다.

미국과 중국은 물론 유럽과 일본도 반도체 역량을 강화하기 위해 안간힘을 쓰고 있다. 그만큼 이 산업이 중요하다는 사실을 인식하고 있기 때문이다. 한국은 오랜 기간 메모리반도체에서 시스템반도체에 이르는 폭넓은 반도체 기술을 축적해왔고, 글로벌 시장에서 높은 위상을 확보하고 있다. 미·중 갈등이 만들어내는 새로운 공급망 질서는 한국에 있어 기회이기도 하고 위기가 될 수도 있을 것이다.

가장 큰 위기 요인은 기술인재 확보에 실패하여 우리 스스로 무너지는 것이다. 인구감소, 40%의 벽을 넘지 못하는 이공계 정원, 우수 인력의 의약학계 선호현상, 최근의 급격한 플랫폼 기업 쏠림 현상 등으로 첨단기술 산업이 만성적인 인재부족에 시달리고 있다. 다행히 최근 들어 한국의 미래경제, 안보, 존립이 반도체를 필두로 하는 첨단기술 산업에 있다는 각성이 우리 사회와 정부 안에 싹트고 있다. 정부의 교육과 R&D 정책의 중심에 미래 '대세기술, 필연산업'의 인재확보가 자리 잡아야 한다. 기업과 정부의 역량을 총동원하여 미래 세대를 '대세기술, 필연산업'으로 인도해야 한국의 밝은 미래를 기대할 수 있다. 과거, 상상을 뛰어넘는 반도체 굴기를 일으켰던 한국 사회의 저력이 다시 살아나면 새로운 도약이 가능하다.

이 책의 구성

이 책은 크게 두 가지 주제를 다룬다.

먼저 1부는 삼성의 반도체 굴기 현장에서 전 과정을 함께 했던 나의 회고다. 나는 삼성이 반도체 사업에 입문한 지 1년 뒤인 1976년에 엔지니어로 입사해 28년간 반도체 부문에서 일했다. 그 기간에 삼성반도체가 메모리반도체 사업에서 글로벌 톱으로 도약하는 과정을 엔지니어, 임원, 총괄임원으로서 함께 했고, 이후 메모리를 떠나 시스템반도체 사업의 최고 책임자로서 이 분야의 재출범을 이끌었다.

이 회고는 내가 반도체 굴기 현장에서 일하며 보고, 듣고, 실행한 일들에 관한 이야기다. 특히 내가 엔지니어 시절부터 개발을 주도해 탄생시킨 낸드플래시 메모리 사업이 초기의 여러 어려움을 극복하고 회사의 주력사업으로 성장한 과정을 상세히 이야기한다. 이 낸드플래시 메모리 사업개척은 삼성반도체가 D램에서 경험한 후발주자로서의 '추격'이 아닌 미래 신산업을 '선도'한 새로운 경험이었다. 이와 함께 내가 메모리개발 총괄임원으로 일한 시기에 적극적인 제품 차별화를 추진하여 1990년대 말의 D램 대공황을 성공적으로 극복한 이야기가 뒤따른다. 이 대공황을 거치면서 12개 D램 기업이 5개로 축소되는 극적인 업계 대 재편이 일어났고, 이 대공황을 손실 없이 극복한 삼성반도체는 D램 업계에서 압도적인 싱글 톱으로 우뚝 섰다. 일본 기업들이 D램 사업에서 철수할 수밖에 없었던 당시의 상황을 상세히 이야기한다.

회고의 마지막 부분은 내가 사업부장(사장)으로서 삼성의 시스템반도체 사업 방향을 재정립한 이야기다. 2000년 당시, 삼성반도체는 메모리 분야에서는 글로벌 톱을 달성했지만, 시스템반도체에서는 기술과 산업의 변혁을 따라가지 못해 커다란 어려움에 부닥쳐 있었다. 이를 극복하기 위한 시스템반도체 분야의 선택과 집중, 첨단 파운드리 사업 준비 과정을 이야기한다.

2부는 한국 반도체 산업의 위상과 미래전략에 관한 이야기이다. 이야기는 반도체 기술발전이 일으킨 지난 50여 년간의 정보산업 패러다임 변화에 관한 고찰로 시작된다. 반도체 기술의 발전은 PC 시대, 디지털 시대, 스마트폰 시대를 거쳐 현재의 4차 산업혁명기에 이르는 정보산업 패러다임 변화의 숨겨진 동력이었고, 그때마다 글로벌 정보·전자기업 지형의 커다란 부침이 뒤따랐다. 과거, 세계를 지배하던 일본과 유럽의 전자, 통신기업들은 이 같은 패러다임 변화에 적응하지 못하고 무대에서 사라졌다. 4차 산업혁명 시기에는 정보산업뿐만 아니라 산업 전반의 기업지형에 커다란 변혁이 있을 것으로 보인다.

　다음은 한국 반도체 산업의 현 위상, 기회와 위기 요인에 관해 이야기한다. 반도체 산업은 한국 증시 1위 기업과 200여 상장기업을 창출한 모두가 인정하는 한국의 중추 산업이다. 산업의 성장성과 타 산업에 미치는 파급효과는 여타 산업의 추종을 불허한다. 반도체 시장은 앞으로도 성장이 계속 이어져 2030년에는 세계 시장 규모 1조 달러에 이를 전망이다. 한국은 세계 1위인 메모리반도체뿐만 아니라 파운드리, 이미지 센서, 시스템 칩 등 주요 시스템반도체에서도 글로벌 경쟁기반을 확보하고 있기에, 위상이 강화될 기회가 있다. 반면, 중국의 반도체 굴기, 미국의 자국 내 반도체 제조 비중 확대 정책은 중장기적 잠재 리스크이다.

　마지막은 미래전략에 관한 이야기다. 한국 반도체 산업의 미래를 위해 가장 중요한 요소는 다름 아닌 기술인재의 충분한 공급이다. 그리고 이는 일차적으로 국가의 역할이다. 메모리반도체는 1,000여 가지에 이르는 서로 다른 기술이 유기적으로 조합되어 D램과 낸드플래시 제품으로 완성된다.

한국의 메모리 산업이 쉽게 대체될 수 없는 이유는 이 1,000여 가지의 기술 줄기에서 우위를 형성하고 있기 때문이다. 이 기술 줄기의 경쟁력을 책임지는 수많은 '히든 히어로'들이 한국의 반도체 산업을 지키고 있다. 앞으로도 이 히든 히어로들을 키워내는 국가와 기업이 반도체 기술 레이스에서 승리할 수 있다. 메모리반도체를 포함해 한국 반도체 산업에 필요한 기술 줄기가 3,000여 가지를 상회하고, 하나의 기술 줄기마다 최소 10명 이상의 경쟁력 있는 엔지니어가 필요하기 때문에, 체계적인 반도체 인재공급 체계를 국가적 과제로 인식해야 한다.

장기적으로 보면, 반도체 산업의 발전은 차세대 디스플레이, 배터리, 바이오, 신소재 등 거의 모든 미래 제조업의 경쟁력을 끌어올릴 것이다. 이를 기반으로, 한국은 세계 최고의 초미세(나노) 제조 강국으로 나아갈 수 있다. 반도체 산업에서 파급되는 초미세 제조 인프라, 히든 히어로 육성 등의 성공 모델은 첨단 제조산업 전반으로 확장이 가능하다.

글로벌 필수재인 반도체 기술에서 '대체 불가능한 역량'을 확보하는 것은 단순한 먹거리 문제를 뛰어넘어 국가의 안보와 위상에 커다란 버팀목이 될 수 있다. 이렇듯 반도체는 경제, 미래산업, 안보 측면에서 전략적 가치가 큰, 한국에 매우 특별한 산업이다. 국가적 역량을 집중하여 반도체 산업을 지키고 키워야 할 당위성이 충분하다.

1부

삼성반도체, 굴기의 시간

반도체가 발명된 1947년 이후 20여 년간 반도체 관련 수많은 주요 발명과 기술혁신이 뒤따랐고, 그 위에 1968년 실리콘 게이트 MOS 기술(Silicon-Gate MOS Technology, SGT)이 확립되어 반도체 고집적화의 새로운 지평이 열렸다.

1970년대에 이 기술을 기반으로 반도체가 빠르게 고성능·고집적화되었고, 이는 PC의 탄생으로 연결되었다. 1977년에 스티브 잡스의 애플2가 출시되어 보급되기 시작했고, 뒤이어 Windows OS 기반 PC가 등장하여 PC 시장이 폭발적 성장세를 이어갔다. 1990년대에는 널리 보급된 PC들이 인터넷으로 연결되어 본격적인 정보혁명이 시작되었다.

삼성이 첨단 메모리 사업진출을 선언한 1983년은 PC가 등장한 지 6년이 지난 시점이었다. PC가 빠르게 보급되면서 마이크로프로세서와 D램을 중심으로 반도체 시장이 급속하게 성장하던 시기였다. 미국과 일본의 선진 D램 기업들보다 10여 년 늦게 진출했지만, 이후 반도체 기술 발전과 산업 성장을 고려하면, 삼성 역시 비교적 조기에 참여했다고 평가할 수 있다.

삼성은 메모리 사업에 도전하기 약 8년 전인 1974년 말에 전자시계용 반도체를 생산하는 한국반도체를 인수해 반도체 산업에 입문하였고, 입문 이후에는 삼성전자에서 필요로 하는 TV용 반도체의 내재화를 추진했다. 비록 VLSI(Very Large Scale Integration) 메모리와는 기술격차도 크고 종류도 다른 반도체였지만, 이 시기에 축적한 반도체 경험이 훗날 삼성의 메모리 기술추격에 큰 도움이 되었다. 이렇듯 삼성의 반도체 참여시기가 비교적 빨랐다는 점이 사업을 성공으로 이끈 주요 요인 중 하나다.

임형규는 삼성이 반도체 사업에 입문하고 1년쯤 지난 1976년에 엔지니어로 입사했고, 이후 28년간 반도체 분야에서 일했다. 그 기간 동안 삼성반도체가 메모리 사업에서 글로벌 톱으로 도약하는 과정을 엔지니어, 임원, 총괄임원으로서 함께 했고, 이후 메모리 사업을 떠나 시스템반도체 사업의 재출범을 이끌었다.

　이 책의 1부는 그가 반도체 굴기 현장에서 보고, 듣고, 실행한 일들에 관한 이야기다. 모두 다섯 개 기간으로 나누어, 각 기간에 있었던 회사의 상황을 정리하고 자신이 경험한 일들을 이야기한다.

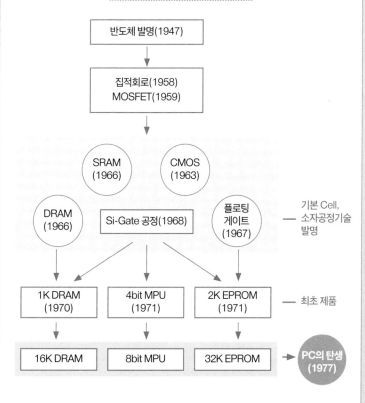

반도체 주요 발명과 PC의 탄생

반도체 발명(1947)

집적회로(1958)
MOSFET(1959)

SRAM
(1966)

CMOS
(1963)

DRAM
(1966)

Si-Gate 공정(1968)

플로팅
게이트
(1967)

— 기본 Cell,
소자공정기술
발명

1K DRAM
(1970)

4bit MPU
(1971)

2K EPROM
(1971)

— 최초 제품

16K DRAM

8bit MPU

32K EPROM

→ PC의 탄생
(1977)

1959년, 벨 연구소의 마틴 아탈라(M. Atalla), 강대원 박사가 MOSFET을 공동으로 발명했는데, 이것이 현대 반도체에 가장 널리 쓰이는 소자다. 10년쯤 지난 1968년에는 이 소자를 하나의 칩에 대량으로 집적하기에 용이한 Si-Gate 공정 기술이 확립되었다. 이온 임플란트, 진공 증착기 같은 공정설비의 발전으로 가능해진 기술이었다. Si-Gate는 지금까지도 반도체의 주력기술이다.

<그림 1>

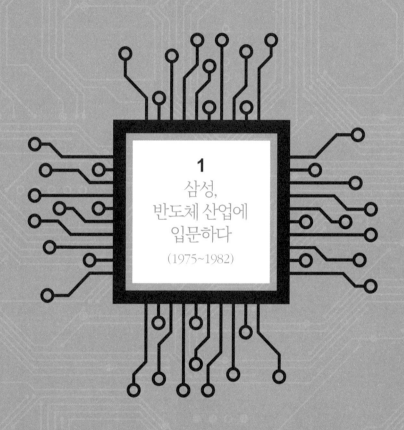

1

삼성,
반도체 산업에
입문하다

(1975~1982)

1

삼성이 한국반도체를 인수하고 반도체 산업에 입문한 1974년 말부터 VLSI 메모리반도체 사업에 도전한 1983년 이전까지, 반도체 산업의 여명을 열어간 이야기다. 이 시기에 삼성반도체는 미국에서 도입한 CMOS 반도체 기술을 소화하고 발전시키기 시작했으며, 삼성전자에 필요한 TV용 반도체의 내재화를 본격적으로 추진하였다. 이 8년간의 '반도체 입문기'에 부천에서 반도체를 경험한 인재들은 훗날 삼성반도체가 다른 기업들보다 확연히 빠른 속도로 메모리반도체 선진기업을 추월하는 데 든든한 디딤돌이 되었다.

이 시기에 임형규는 엔지니어로 일하면서 여러 기술개발 현장을 경험했다. 이야기는 그가 회사에서 근무하기 전, 한국과학원에서 수학하던 시기로부터 시작한다.

| 삼성,
반도체 입문 | 메모리
창업기 | 선두권
진입기 | 싱글톱
도약기 | 시스템반도체
재출범 |

반도체 산업의 태동, 정부의 이공계 육성

양 — 1974년 12월, 삼성은 한국반도체의 지분을 인수해 반도체 사업에 입문했다. 1983년 VLSI 메모리반도체 사업에 도전하기 약 8년 전부터 일종의 선행학습을 한 셈이다. 당시는 박정희 정부의 공업입국 정책이 본격적으로 추진되고, 한국 정부가 기술혁신에 눈을 뜨던 '제3차 경제개발 5개년 계획' 시기였다. 삼성이 반도체 사업에 입문한 한국반도체 인수 관련 이야기부터 시작해보자.

임 — 널리 알려져 있듯이, 한국반도체 인수가 삼성의 반도체 사업 시작점이다. 한국반도체는 1974년 재미(在美) 공학자 강기동 박사가 전자시계 칩 생산을 목적으로 설립한 우리나라 최초의 반도체 기업이다. 이 전자시계 칩은 CMOS(Complementary Metal-Oxide-Semiconductor)¹ 기술을 기반으로 한 제품으로 실리콘밸리에 있었던 합작법인이 설계하고 부천에 소재한 한국반도체에서 생산하는 구도였다. CMOS 전자시계 칩 기술은 1971년 일본의 세이코가 세계 최초로 상용화한 당시로는 첨단 기술이었다. 그러나 한국반도체는 회사를 설립한 지 1년도 지나지 않아 오일쇼크로 자금난에 빠지게 된다.

한편, 1969년에 전자산업에 뛰어든 삼성전자는 자사 제품에 들어가는 반도체 전량을 해외에서 수입해 사용하는 상황이었다. 전자제품 생산에 필요한 반도체를 직접 생산하는 것은 이병철 회장의 설립 초기 마스터 플랜에 이미 담겨 있었지만, 반도체를 내재화할 역량이 없었기 때문이다.

삼성전자 초대 사장이었던 강진구 사장의 회고록에 의하면, 한국반도체의 절반을 소유한 외국인 파트너가 지분 정리를 원한다는 이야기를 들은 강진구 사장이 신속하게 이병철 회장의 승인을 얻어 인수를 추진했다고 한다. 그로부터 3년 뒤에 나머지 지분까지 인수함으로써 한국반도체는 완전한 삼성그룹 소유가 되었다. 당시 후계자였던 이건희 회장은 이 인수에 사재를 투입할 만큼 반도체

---

1. 한국반도체가 도입했던 CMOS 공정은 메모리나 프로세서 같은 집적도가 높은 반도체에 필요한 자기정렬형(Self Aligned) 실리콘 게이트 기술이 아닌, 전자시계나 탁상용 계산기 같은 집적도가 낮은 저전력 칩을 위한 공정으로, 알루미늄을 게이트로 사용하는 구조였다.

사업에 적극적이었던 것으로 알려져 있다.

양 ― 삼성이 한국반도체를 인수한 지 1년 뒤인 1976년 초에 입사하신 것으로 알고 있다. 삼성반도체와 인연을 맺게 된 계기는 무엇이었나?

임 ― 대학 졸업을 앞둔 4학년 가을 무렵, 학과 사무실에 공고가 붙었다. 한국반도체에서 두 명의 신입사원을 뽑아 산학제 학생으로 한국과학원(KAIS, Korea Advanced Institute of Science)[2] 석사과정에 보내준다는 내용이었다. 전자공학 중에서는 반도체가 가장 흥미로웠고, 학자가 되기보다는 기업현장에서 활동하고 싶었다. 게다가 병역문제까지 해결할 수 있는 제안이라서 곧바로 지원했다.

경기도 부천에 위치한 한국반도체에 방문했는데, 깨끗한 신축 건물이 인상적이었다. 사업책임자였던 이충수 이사가 영어로 면접을 보았는데, 답을 못해서 쩔쩔맸던 기억이 난다. 재미 공학자가 설립한 회사답게 실리콘밸리 분위기가 있었다. 대학 동기 중에 지원자가 많아서 꽤 치열한 경쟁을 거쳐 입사했고, 이후 과학원에 진

---

2. 대한민국 정부에 의해 1971년에 설립된 이공계 특수 대학원. 이론적 깊이와 응용력을 갖춘 인재를 양성할 목적으로 설립되었다. 1989년 한국과학기술대학교와 통합되었고, 2009년 한국정보통신대학교를 흡수해 현재의 학부와 대학원 교육을 아우르는 한국과학기술원(KAIST)으로 발전하였다.

학할 수 있었다. 당시 삼성은 한국반도체 인수와 함께 인재확보에 나섰는데, 나도 그 초기 멤버 중 한 사람이었던 셈이다.

양 ─ 과학원의 병역특례가 없었더라면 삼성반도체와의 인연이 없었을 지도 모르겠다. 과학원은 어떤 곳이었기에 병역특례 혜택까지 주었나?

임 ─ 한국과학원은 정부가 공업입국을 이끌 두뇌를 양성하기 위해 설립한 특수 대학원이었다. 대학원 교육이 거의 없었던 당시의 상황에서 정부가 나설 수밖에 없었던 것이다. 병역면제 혜택을 주는 대신, 국내 연구소나 산업현장에서 일정 기간 근무하도록 함으로써 외국으로 인재가 유출되는 일을 차단하려는 목적도 있었다.

실제로 입학해서 공부해보니 설립취지에 맞게 무척 특별한 곳이었다. 정부가 파격적인 처우로 선진국에서 첨단기술을 연구 개발한 30~40대 교수진을 초빙했고, 학생들 전원에게 장학금을 지급하고 기숙사를 제공하는 등 국가의 의지가 담긴 특혜를 부여했다. 박정희 정부가 과학기술 인재양성을 위해 얼마나 에너지를 집중했는지 알 수 있는 상징적인 곳이었다.

양 ─ 과학원의 사례에서 당시 정부의 기술인재 육성 의지를 느낄 수 있다. 박정희 정부는 '공업입국'을 위해 광범위한 이공계 인재육성, 첨단

기술연구 확대 정책을 펼친 것으로 알고 있다.

임 — 1960년대부터 전국 명문 고등학교의 이과 비중을 70% 이상으로 유지했는데, 내가 다닌 경남고등학교는 문과 두 반, 이과 여섯 반이었다. 다른 학교도 비슷했다. 서울대학교를 비롯해 주요 사립대와 지방 국립대의 이공계 학과 정원도 대폭 늘렸다. 1966년, 한국과학기술연구원(KIST, Korea Institute of Science and Technology) 설립을 필두로 과학기술을 연구하는 국립연구소들이 잇달아 설립되었고, 1971년에는 한국과학원을 설립해 고등교육의 질을 획기적으로 끌어 올렸다. 정부의 이 같은 의지가 국민적인 공감을 얻었고, 그 결과 당시 공과대학의 인기학과에 최고의 인재들이 몰렸다. 1972년에 서울대학교 전자공학과에 입학했는데, 서울대 전체 수석을 비롯해 전국 명문 고등학교의 수석졸업생들이 다수 있었다. 그 밖에 물리학과, 화학공학과 등에도 최고의 인재들이 몰렸다.

양 — 공과대학에 최고의 인재들이 모여든 덕분에 한국이 첨단 산업국가로 나아갈 수 있었던 게 아닐까 싶다. 과학원에서의 교육은 어땠나?

임 — 내가 입학한 1976년은 과학원에 석사과정이 생기고 4년째 접어들던 해다. 그 당시, 과학원 선발 인원이 한 해 140명 정도였는데, 서울대 이공계 전체 졸업 인원의 10% 남짓이었다. 특혜가 컸던 만큼 입학경쟁도 치열했다. 학습 강도도 대단히 높았다. 낮에는 수업과 실험을 하고, 밤에는 늦은 시간까지 과제를 작성해야 했다. 입학 후 6개월이 지날 무렵부터 쓰러지는 학생들이 속출할 만큼 고강도 학습이었다. 그러나 그 덕분에 차원이 다른 첨단 지식을 단기간에 압축해서 습득할 수 있었다.

1학년 2학기부터 전공이 정해지고 실험실에 배치되었는데, 내 지도교수는 김충기 교수였다. 실리콘밸리에 위치한 페어차일드(Fairchild)에서 최신 반도체를 연구하다가 귀국한 분으로, 실무에 밝았고 명쾌한 이론 강의로도 유명했다. 이때는 다른 대학에서 반도체를 본격적으로 가르치기 10여 년 전이기 때문에 국내 대다수 초기 반도체 전공자들이 그에게서 배웠다.

김충기 교수는 반도체에 관한 지식뿐만 아니라 연구개발자의 자세부터 나라를 사랑하는 마음까지, 젊은 나에게 큰 영향을 주었다. 학생 지도에 있어서도 현장을 중시했고, 반도체 실험실을 구축하는 데 필요한 허드렛일부터 반도체 칩을 설계하고 제작하는 전 과정을 경험하게 했다. 처음에는 배관작업 같은 잡일을 시킨다고 불평했으나, 그 모두가 현장을 이해하는 데 도움이 되는 교육의 일부라는 사실을 나중에 깨달았다.

양 — 당시 국내 어디서도 얻을 수 없는 반도체 지식을 습득할 기회를 과학원이 부여했다고 볼 수 있을 것 같다. 과학원 이외에는 반도체 관련 국가 연구기관이 따로 없었나?

임 — 한국전자기술연구소(KIET, Korea Institute of Electronic Technology)에도 반도체연구실이 존재했다. 1978년 당시, 이종덕 박사가 반도체연구실장이었고 과학원 출신 연구원들이 다수 근무했다. 1976년에 설립된 이 연구소는 1985년에 한국전기통신연구소(KETRI)와 통합하여 전자통신연구원(ETRI)이 되었는데, 1988년 2월에 삼성·금성·현대 3사와 함께 4M D램을 공동개발하는 프로젝트를 주관하기도 했다. 그러나 그 이후로는 민간 기업의 빠른 발전을 따라갈 수 없어서 역할을 잃어갔다. 훗날 서울대학교 교수로 이직한 이종덕 박사는 1985년에 서울대학교 부설 '반도체공동연구소'의 설립을 주도하는 등 반도체 인재육성에 기여했다.

삼성반도체(부천) 1978년

양 — 과학원에서 공부를 마치고 회사로 복귀한 1978년 초는 삼성이 반도체 사업을 시작한 지 3년 정도 지난 시점이었다. 당시 회사는 어떤 상황이었나?

임 — 졸업해서 회사로 돌아와 보니 사명이 한국반도체에서 삼성반도체로 바뀌어 있었다. 앞서 이야기했듯이 나머지 지분을 인수하여 100% 삼성의 회사가 되었기 때문이다. 첫 몇 달은 매일 아침 회사에 출근하는 일이 힘들었던 기억이 난다. 회사는 큰 변화가 없었고, 부천의 반도체 라인에서 한국반도체 시절부터 생산해오던 전자시계용 CMOS 칩을 주력 제품으로 생산하고 있었다.

그런 한편으로 삼성전자에서 생산하는 전자제품에 광범위하게 쓰이는 범용 트랜지스터를 개발해 생산하고 있었고, 그 후속으로 고주파, 고전압 등 다양한 단품 트랜지스터와 TV용 IC(Integrated Circuits, 집적회로) 개발을 시작하고 있었다. 당시에는 삼성전자가 필요로 하는 반도체를 자체개발하는 것이 회사의 주요 목표였다.

처음으로 내게 주어진 프로젝트는 TV용 음성 증폭 칩의 개발이었다. 바이폴라(bipolar) 집적회로였는데, 큰 어려움 없이 10개월 만에 개발을 완료했다. 주로 일본 기업들이 공급하던 칩들을 리버스 엔지니어링(Reverse Engineering)[3] 방식으로 개발하던 시절이었지만, 나는 당시 새롭게 등장한 SPICE(Simulation Program with Integrated Circuit Emphasis)라는 회로 시뮬레이션 프로그램을 과학

---

3. 기존 칩의 사진을 찍어 평면구조와 회로를 분석하여 다시 꾸미면 동작을 확인할 수 있다. 칩을 비스듬히 갈아서 염색하면 수직구조를 알 수 있고, 제작에 필요한 공정을 설계할 수 있었다.

원에서 배워 사용했기 때문에, 기판에 단품 소자들로 회로를 구성해 동작을 확인하는 기존 방식보다 빠르게 개발할 수 있었다. 그때 개발한 칩이 'KA2101'이었던 것으로 기억하는데, 이 칩은 삼성전자가 자체 개발한 최초의 집적회로여서 한동안 삼성전자 전시관에 진열되어 있었다.

양 — 부천 시절, 칩의 크기를 줄이는 슈링크(Shrink)를 최초로 시도했다고 들었다. 현재는 칩 슈링크가 반도체 기술개발 활동의 중심이지만 당시만 해도 모두 낯설어하는 분위기였던 것으로 알고 있다.

임 — 1979년 초의 일이다. 회사의 요청으로 긴급 프로젝트에 차출되었다. 당시 생산하던 CMOS 제품 중 하나가 몇 주간 계속 불량이 나서 생산이 중단된 상황이니, 이 문제의 원인을 찾아보라는 지시가 내려왔다. 곧바로 프로젝트에 착수해 2주 동안 샅샅이 문제를 찾아본 결과, 수입해온 포토 마스크(photo mask)가 변형되어 펀치 스루(punch through)[4]가 발생한 것이 그 원인이었다.

원인을 밝혀낸 이후, 수입 마스크의 불량 여부 검사를 강화하는 것으로 대책을 마련해 매듭지었다. 지금은 원자재 수입검사가 지

---

4. MOS형 트랜지스터에서 채널 길이가 짧아져서 OFF 상태에서도 누설전류가 큰 현상.

극히 상식적인 이야기지만, 미국에서 설계한 반도체를 주어진 설계, 공정기술로 생산만 하던 당시의 삼성반도체로서는 생소한 문제였기 때문에 라인이 멈춰졌다.

이 불량 문제를 해결한 이후, 회사의 주력 생산품이었던 CMOS 제품의 제조공정을 최적화하는 일을 하게 되었다. 컨택형 포토마스크의 최적 사용횟수를 산출하는 일도 했고, CMOS 제조공정을 재설계해서 수율과 특성을 개선하는 일도 했다. 'Low Oxide Step Process'라고 명명된 공정이었는데, 이윤우 당시 품질관리실장이 큰 관심을 보여주었던 기억이 난다.

몇 가지 개선 프로젝트를 진행하면서 '7.5 μm로 설정된 공정을 더 미세화해서 칩의 크기를 줄일 수 있지 않을까?' 하는 생각을 하게 되었다. 과학원에서 이 칩 슈링크의 개념을 배운 바 있었다. 새로운 공정을 설계하고 테스트 패턴으로 실험한 결과, 기존설비로도 4 μm까지 줄이는 건 무리가 없겠다는 결론을 얻었다. 그래서 이 공정을 마침 자체 설계할 수 있게 된 CMOS 워치 칩에 적용해보기로 했다. 칩의 크기를 절반 정도로 줄이는 프로젝트였는데, 개발에 성공할 때까지 모두 반신반의하는 분위기였다. 그만큼 1980년경에는 획기적인 기술개발이었다. 이후로 삼성반도체에 칩 슈링크 개념이 자리 잡았고, 당시 주력제품인 워치 칩의 크기를 줄여 가격경쟁에서 앞서나갈 수 있었다.

이후 회사는 내 요청을 받아들여 소규모 MOS 디바이스 개발팀을 만들어 주었다.

양 — 삼성반도체 최초의 MOS 디바이스 개발팀이 이때 만들어진 것으로 알고 있다. 이 팀에서 어떤 일을 했나? 칩 슈링크 이후 어떤 새로운 기술에 도전했나?

임 — 우리 팀이 담당한 분야는 새로운 소자, 공정기술 개발이었다. 그 팀에서 주로 했던 일이 4K S램[5]의 개발이다. 미국 출장 중에 만난 재미 공학자 이일복 박사가 반도체 중에서도 메모리 분야가 매우 유망하다고 추천했다. 미국에서는 인텔의 4bit/8bit 마이크로프로세서가 나오고 4K S램, 16K D램이 개발되었으며, 이를 사용하여 PC가 출현했고, 향후 이러한 메모리 시장이 크게 성장할 것이라는 이야기였다.

한국으로 돌아오자마자 미국 출장 중에 구매한 4K S램을 리버스 엔지니어링으로 설계하고, 이에 필요한 실리콘 게이트 MOS 기술의 개발을 시작했다. 1980년이었다. 이 기술은 당시 IEDM(International

---

5. S램은 1960년대에 메모리반도체 중 가장 먼저 탄생한 제품으로, CPU와 함께 내장되거나 가장 가까이 배치되는 버퍼 메모리로 쓰였다. 보통 4~6개의 트랜지스터로 구성되기 때문에 메모리 셀이 커서 대용량화가 어렵지만, 고속 동작이 가능하고 전력 소모가 적다는 특징이 있다.

Electron Devices Meeting, 국제반도체소자학회) 등 국제반도체학회에서 많이 발표되던 반도체의 미래 '대세기술'이었다. 단위 소자인 MOSFET(MOS Field Effect Transistor)의 특성까지는 어렵지 않게 확보했다. 그러나 사내에서는 뚜렷한 고객도 없는 이 메모리 기술개발에 우려가 많았다. 당시 삼성전자가 필요로 하는 TV용 칩들은 모두 바이폴라 공정 기반의 아날로그 칩들이었고, 메모리반도체는 삼성전자 내에서 시장을 찾을 수가 없었다. 그렇다고 외부에서 고객을 찾을 수 있는 능력도 없었기 때문에, 기술개발을 계속하기 위해 상사들에게 그 타당성을 설득하느라 어려움을 겪었던 기억이 난다.

1981년 7월에 미국 유학을 떠났는데, 당시 이 프로젝트를 마무리하지 못했다는 사실과 남겨진 팀원들이 맘에 걸렸었다. 그러나 불과 수개월 뒤 삼성그룹이 첨단 반도체 산업 도전을 위해 반도체 연구소를 설립하고 메모리 사업을 검토하기 시작하였으니, 결과적으로 좋은 선행학습이 된 셈이다. 이후에도 이렇게 구체적인 사업화 계획 없이 엔지니어들이 주도하여 미래 '대세기술'을 개발한 일이 삼성반도체의 성장 기반이 되는 경우가 많았다. 당시에는 반도체가 그만큼 새로운 산업이었던 셈이다.

또 하나 기억에 남는 일은 반도체 업계 최초로 전자현미경(SEM, Scanning Electron Microscope)을 도입하여 설치했던 경험이다. 영상이 흐릿한 문제를 해결하지 못해 수없이 장비를 분해하고 조립하는 과정을 되풀이했는데, 결국 밝혀진 원인은 당시 해당 장비가 설치된 건물 2층의 미세 진동 때문이었다. 반도체 기술의 정밀성에 관한 이해가 부족해서 고생했던 하나의 사례다. 당시에는 이처럼 경험 부족으로 인한 어려움이 많았다.

양─ 칩 슈링크, MOS 디바이스 개발이 시작되었다는 것은 미국에서 개발한 제품을 생산만 하던 단계를 넘어 자체적으로 반도체 기술개발을 시작했다는 점에서 의의가 크다. 메모리반도체 사업도전에 앞서 선진기업들과의 격차가 컸지만, 반도체 기술경쟁의 속성들을 이해하는 데 도움이 되었을 것으로 생각한다.

앞에서 삼성반도체의 주요 미션이 삼성전자 제품에 사용할 핵심 칩의 내재화였다고 이야기하셨다. 이미 언급한 트랜지스터, TV용 칩 개발 이외에 다른 핵심 칩 개발은 어떻게 진행되었나?

임─ 한국반도체의 미국 합작법인에서 설계해 삼성반도체가 생산하던 전자시계용 칩을 소화하여 자체설계가 가능해졌다. 과학원 동기들이 이 분야를 이끌었는데, 이들이 당시 신생 디지털 설계팀의 주축이었다.

삼성전자로부터 전임한 김광교 개발실장이 부임한 이후에는 핵심 칩 내재화가 더욱 가속화되어, 수년 뒤에는 TV용 IC는 크로마

(Chroma) 칩까지 개발되었고, 4bit/8bit 마이콤, 통신용 칩 등 당시 삼성전자가 필요로 하던 핵심 칩들이 단계적으로 내재화되었다. 단품 소자인 디스크리트(Discrete) 분야도 고전력, 고주파 등으로 영역이 넓어졌다. 삼성전자의 반도체 기술 자립은 당시로는 매우 중요한 성취였기 때문에, 이 분야에서 삼성반도체가 그룹의 기술상을 여러 차례 수상했다. 이 과정에서 확보한 기술과 제품들을 한국, 대만, 홍콩, 중국 등지의 전자업체에 판매하면서 시스템반도체 사업이 성장하기 시작했다.

양— 1979년 여름, 김광호 사업부장이 삼성반도체의 수장으로 부임했다. 그의 부임 이후 회사는 어떻게 달라졌나?

임— 1979년 당시 독립기업이었던 삼성반도체는 한국반도체 시절부터 해오던 전자시계용 칩 사업과 삼성전자에서 필요로 하는 핵심 칩 개발 및 사업화를 주 사업으로 영위하고 있었다. 그러나 사업성과가 부진해서 재무 상황이 매우 좋지 않았다. 전자시계 칩의 사업경쟁력도 뒤지고 있었고, 삼성전자 제품의 반도체 내재화도 빠르게 추진할 수 없었기 때문에 위기 상황에 부닥친 것이다.

이 문제를 해결하기 위해 회사가 삼성전자의 반도체 사업부로 편입되었고, 삼성전자 TV사업부 출신 김광호 사업부장이 수장으로 부임했다. 김광호 사업부장은 부임 이후 회사의 많은 부분을 혁명적으로 바꾸었다. 수원의 삼성전자처럼 모두 회색 근무복을 착용하게 했고, 결과 중심의 신속한 업무 보고를 요구하는 등 빠르고 강인한 기업문화를 추구하였다. 기업문화를 바꾸지 않고서는 경쟁력이 취약한 회사를 정상화시키기 어렵다고 판단한 것이다. 한국반도체 시절부터 형성된 여유 있는 기업문화와는 확연히 달랐기 때문에 변화에 적응하지 못한 많은 간부와 엔지니어들이 회사를 떠났다. 김광호 사업부장이 조회시간에 이 문제를 이야기하면서 "한 명, 두 명 따로따로 사표를 써오지 말고 나갈 사람은 빨리 나가달라"라고 이야기하던 기억이 난다.

그러나 부임 초기의 어수선한 시기를 지나자, 회사는 점차 근성 있고 빠른 실행력을 갖춘 조직으로 변모해갔다. 김광호 사업부장의 강력한 추진력과 '이유 있는 실패'를 용인하는 통 큰 리더십도 조직의 안정에 크게 기여했다. 그는 회사가 어려운 가운데서도 사원들의 기숙사, 식당을 세심하게 챙기고 개선했다. "낭비는 철저히 제거하되 쓸 돈은 아끼지 않아야 한다."라고 말하곤 했다. 삼성반도체 특유의 현장 중시, 실행력 중시의 강인한 조직 문화가 자리잡기 시작했다. 매일 대하지 못하는 한참 위의 상사였지만, 나는 그의 현장 중시 리더십에 공감했다.

1983년, 삼성이 VLSI 메모리반도체 사업에 도전하기 이전부터 부천에서 이 같은 조직 문화 속에 경영진과 수십 명의 기술인력이 반도체 경험을 축적하고 있었다. 이들이 훗날 삼성의 VLSI 도전 과정에서 간부로서 큰 역할을 했다. 이러한 반도체 경험이 훗날 삼성이 다른 기업들보다 크게 앞서 나갈 수 있었던 요인이라고 생각한다.

양— 삼성이 VLSI 메모리반도체 사업도전을 선언하기 이전인 1981년 8월에 삼성 해외연수 1호로 유학을 떠난 것으로 알고 있다. 이 해외연수 제도는 삼성이 인재유출을 막고 글로벌 시각을 가진 기술 리더를 육성한 시범사례로 알려져 있다. 이후 많은 후배들이 이 길을 따랐고, 그들이 삼성반도체의 주역으로 성장했다. 어떻게 해외연수 1호가 되었는지, 당시 전후 상황을 듣고 싶다.

임— 삼성반도체는 사업 초기부터 인재확보에 적극적이었다. 한국반도체 인수 직후부터 해마다 과학원 졸업생들을 몇 명씩 확보해나갔다. 그러나 과학원 출신들은 정부나 회사의 기대와 달리 의무 근무 기간을 마치고 해외 유학을 떠나는 사람들이 많았다. 재미 과학기술자가 되는 것이 모두의 꿈이던 시절이었다.

확보했던 인재들 대다수가 유학을 떠나려 하자, 그 대책으로 마련한 것이 해외연수제도였다. 유학비용을 지급하되, 학위취득 후 돌아와서 일정 기간 이상 근무하는 조건이었다. 내가 해외연수 1

호가 될 수 있었던 건, 유학을 준비하던 선배와 동기 중 이 제도에 유일하게 호응했기 때문이었다.

대학 시절부터 내 꿈은 한국 기업에서 성장해 한국의 발전에 기여하는 것이었다. 그래서 한국반도체에 입사했다. 하지만 입사 후 1979년에 실리콘밸리를 방문하고 나서 '미국에서 살아보고 싶은' 생각이 간절해졌다. 당시의 열악했던 한국의 도시 인프라와 달리 깨끗하고 풍요로움이 넘쳤던 미국의 모습은, 너무도 새롭고 배우고 싶은 것이 넘치는 '인간이 건설한 천국'처럼 느껴졌다.

그러나 출장길에 IEDM 학회에서 만난 재미 공학자 선배들과 대화를 나누며, '재미 공학자의 길은 내가 꿈꾸는 길이 아니다'라는 생각이 들었다. IBM, AT&T 등 세계 일류기업들에 근무하는 선배들이었지만, 다들 외국인으로서 조직 내 성장의 한계를 절감하고 있었다. 미국 유학은 가고 싶었지만, 한국에서 성장하기를 꿈꿨던 내게는 이 해외연수제도가 당연한 선택이었다. 미국 출장 당시 26세였던 나는 '한국도 이런 나라로 만드는 데 기여하고 싶다'라는 꿈을 갖게 되었다.

훗날 이 연수제도를 받아들이지 않고 자비 유학을 떠났던 이들도 결국 모두 귀국하여 기업과 대학에서 활약하게 되는데, 한국이 반도체 산업에 크게 투자하여 적절한 일자리가 많이 생겼기에 가능한 일이었다. 반도체는 '첨단산업에 투자하면 고급두뇌의 해외유출을 방지할 수 있다'라는 사실을 보여주는 좋은 사례이기도 하다.

양 ― 미국 유학 생활은 어떠했나?

임 ― 미국 플로리다 대학교(University of Florida)에서 1984년 7월에 반
도체 전공으로 박사 학위를 취득했다. 동 대학의 포썸(J. G. Fossum) 교
수의 지도를 받았다. 그는 당시 국제전기전자공학회(IEEE, Institute of
Electrical and Electronics Engineers) 석학회원(Fellow)으로서 반도체 디바이
스의 피지컬 모델링(Physical Modeling) 분야에서 명성이 높았다. 입학허가
를 받은 몇몇 대학 중 내가 플로리다 대학을 선택한 이유였다.

　이미 반도체 경험이 있었기에 박사과정은 그렇게 힘들지 않았
다. 이 박사과정에서 포썸 교수로부터 무엇이든 'Scrutinize', 즉 철
저하게 객관적으로 보는 습관과 논문을 쓸 때는 몇 번이고 고쳐 써
서 정확하게 표현하는 자세를 배웠다. 과학기술자에게 꼭 필요한
자질이다. 박사과정 3년 동안 SOI(Silicon On Insulator)[6] MOSFET
관련 7편의 IEEE 논문을 발표했는데, 이 논문들은 훗날 SCI 논문

---

6. 매립 산화막(Buried Oxide) 위의 얇은 실리콘에 MOSFET 같은 소자를 만드는 구조를
　말한다. SOI 소자는 고속 동작이 가능하고 전력 소모가 적으며 SER(Soft Error Rate)이
　낮다는 장점 등이 있어서 우주 산업용 반도체 등 고속·고전압·고온 동작 용도로 쓰
　인다. 현재는 CPU 등 고속 로직 반도체의 주력 기술이 되었다.

인용횟수 1,000회가 넘는 유명 논문이 되었다. 지나고 생각해 보니, 운 좋게 미래 대세기술을 연구했기 때문이었던 듯하다. SOI는 오늘날 고속 로직 반도체 소자기술의 주류로 자리 잡게 된 기술이지만, 당시는 주 용도가 우주 방사선을 견디는 반도체의 개발을 위한 것이었다. 미국의 우주기술이 산업혁신을 유발한 한 가지 사례가 되겠다.

졸업 후 미국의 TI(Texas Instrument) 연구소, 벨(Bell) 연구소 등에서 채용 오퍼를 받게 되어 유학을 떠날 때 회사가 약속해준 2년의 실무경험을 어디에서 할지를 회사에 문의했는데, 회사는 "첨단 메모리반도체 개발을 위해 미국에 메모리연구소를 설립했으니 그곳으로 가서 일하라."라고 했다. 아쉬움을 달래고 1984년 8월 졸업과 동시에 산호세에 위치한 삼성의 메모리연구소로 향했다. 삼성의 VLSI 메모리반도체 도전 선언 후 1년 반이 지난 시점이었다.

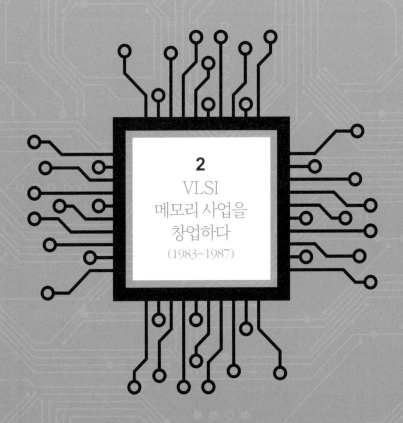

2

VLSI
메모리 사업을
창업하다
(1983~1987)

2

1983년 VLSI 메모리반도체 사업도전 선언 이후부터 이병철 회장이 별세한 1987년까지, 삼성그룹이 메모리반도체 사업 추진 프레임을 확립한 시기의 이야기이다. 이 시기에 삼성은 D램을 주력사업으로 선정하는 결단을 내렸고, 기흥공장을 사상 유례없는 속도로 건설한 뒤 수율과 생산성 경쟁력을 조기에 확보하였다. 미국에 연구소를 설립해 메모리 기술을 흡수하였고, 기흥연구소에 인재를 집중해 기술 자립을 추진했다. 그 결과, 1986년에 기흥연구소에서 1M D램을 개발하는 성과를 얻었다. 그러나 일본의 견제로 인한 D램 가격폭락, 여전히 큰 기술격차, 미국 TI 사의 특허공격 등으로 힘든 시기를 보내야 했다. 그러나 이 어려웠던 시기는 삼성이 흔들림 없이 메모리 사업 존립 기반을 확립한, 삼성반도체 성공의 결정적 시기였다.

이 시기에 미국 메모리연구소에 근무한 임형규는 훗날 낸드플래시 메모리의 기반이 되는 EEPROM 기술을 습득하여 귀국하였고, 이후 비휘발성 메모리 개발팀을 만들었다. 그가 경험한 당시의 미국 메모리연구소, 기흥사업장의 상황이 소개된다.

| 삼성,
반도체 입문 | 메모리
창업기 | 선두권
진입기 | 싱글톱
도약기 | 시스템반도체
재출범 |

VLSI 메모리반도체 사업도전 선언

양 — 널리 알려진 대로 1983년에 삼성의 VLSI 메모리반도체 사업이 본격적으로 추진되었다. 전두환 대통령이 집권 3년 차에 접어들어 경제 발전에 박차를 가하고 있던 시기였다.

당시 이병철 회장이 사업도전을 결심하기까지 여러 요인이 작용한 것으로 알려져 있다. 일본의 산업전략이 중후장대(重厚長大)의 중공업에서 경박단소(輕薄短小)의 전자, 반도체 산업으로 바뀌고 있음을 파악한 점, 미국 실리콘밸리를 방문했던 이건희 부회장이 PC 산업의 성장과 함께 반도체 산업이 중요해질 것을 인식했던 점이 사업 출범의 계기를 만든 것으로 이야기되고 있다.

이병철 회장의 경영철학인 '사업보국(事業報國)' 관점에서 한국의 미래를 위해 꼭 필요한 도전이라고 생각한 점도 사업추진에 영향을 끼쳤을 것으로 보인다. 결심을 굳히는 과정에 작용했을 요인들에 관한 의견을 듣고 싶다.

임 — 일본 기업과 글로벌 시장이 그렇게 움직이고 있음을 알고 있고, 또 반드시 한국의 미래에 필요한 일이라는 사명감이 있더라도, 그룹의 운명을 걸고 VLSI 메모리반도체 사업에 도전한다는 건 쉽지 않은 일이다. 이 부분에서 이병철 회장이 사업에 관한 천부적 감각을 발휘한 것으로 생각한다.

당시 일본에서 메모리반도체 사업이 빠르게 성장하는 모습을 보며 '사업으로 연결할 수 있는 글로벌 시장과 사업모델이 증명되어 있으니, 우리가 잘 만들기만 하면 미국 기업들이 살 것이다.'라는 생각을 한 것이 시작점이었을 것 같다. 부천에서 8년간 반도체 사업을 진행해왔기 때문에 반도체 사업에 대한 이해도 어느 정도 있었을 것이다. 비교적 선진국의 기술축적 기간이 짧아서 추격할 수 있다는 자신감도 갖지 않았을까 한다. 부천사업장에서 경험을 축적한 현장 간부후보들을 다수 확보하고 있었다는 점도 사업추진 결정에 영향을 끼쳤을 것이다.

미국에서 활동하던 재미 공학자 중 삼성에 합류하겠다는 반도체 전문가가 상당수 있었다는 점도 가능성을 크게 볼 수 있도록 만든 요인이었을 것으로 생각한다. 무엇보다 당시 정부가 첨단 산업 육성에 관심이 많았던 만큼, 정부의 강력한 지원을 기대할 수 있다는 점도 결심을 굳히는 계기가 되었을 것이다.

양 ─ 삼성은 VLSI 메모리반도체 사업도전을 선언하기 전에 철저히 준비하였고, 사업도전을 선언한 이후에는 빠르게 메모리 기술추격의 기반을 확보한 것으로 널리 알려져 있다. 당시 삼성반도체의 상황을 한번 정리해주셨으면 한다.

임 ─ VLSI 메모리반도체 사업에 관한 본격적인 준비는 1981년 가을에 부천에 반도체연구소를 설립하고 해외 기업들에 인력을 파견해 기술도입을 타진한 일이 그 시작점인 것으로 알려져 있다. 이후 1982년에는 통신과 반도체를 결합한 삼성반도체통신㈜을 출범시켰다. 당시 전자교환기 사업 등에서 안정적 이익을 창출하던 통신사업과의 합병을 통해 막대한 투자가 필요한 반도체 사업의 본격적 추진에 앞서 든든한 재무적 디딤돌을 마련한 것이다.

사업진출 선언 6개월 뒤인 1983년 9월에 기흥사업장 건설이 시작되었을 만큼 그룹 차원의 사전준비가 많이 되어있었고, 정부 당국도 인허가, 전기와 용수 공급 등 특별한 지원을 해주었다. 반도체 공장 건설 공기를 1년이나 줄여 사상 유례없는 빠른 속도로 이듬해 3월에 건설을 완료하기까지 철야 돌관공사(突貫工事) 등 비상한 노력이 있었다.

이와 함께 미국 마이크론으로부터 64K D램, 일본 샤프로부터 16K S램 기술을 도입하여 기흥공장 1라인을 가동하였고, 자체기술 확보를 위해 사전 구상대로 재미 공학자들을 영입하여 기흥 반도체연구소와 미국 메모리연구소에 배치하는 등 치밀하게 수립된 계획을 발 빠르게 추진했다.

삼성반도체인들의 정신무장을 위해 '반도체인의 신조'를 제정하고 64km 행군을 시행하는 한편, 삼성그룹 내 최고 대우를 해주겠다고 약속하는 등 선진기업을 따라잡기 위해 오랜 기간 험난한 추격의 길을 가야 하는 엔지니어들의 각오를 가다듬었다. 사업의 성패를 가를 큰 결정이 사업도전 선언 1년 이내에 모두 내려지고 추진되었다고 볼 수 있다.

사업 창업 시기에 필요한 대규모 투자 등 주요 의사결정을 이병철 회장이 직접 내리는 '직할 체제'였기 때문에 모든 일을 신속하게 추진할 수 있었다. 당시 이병철 회장의 구상에 큰 도움을 준 사람이 반도체 분야 재미 공학자였던 이임성 박사였고, 구상대로 빠르게 실행되도록 실무적으로 뒷받침한 사람이 이윤우 당시 연구소

---

7. 삼성반도체인의 창의와 도전정신을 고양하기 위한 행동지침으로, '안 된다는 생각을 버려라' '큰 목표를 가져라' '일에 착수하면 물고 늘어져라' 등 10개 항목으로 이루어져 있다.

장이었다고 한다.

미국 메모리연구소

양— 박사 학위 취득 직후인 1984년 8월부터 캘리포니아주 산호세에 위치한 미국 메모리연구소에서 근무하신 것으로 알고 있다. 미국 메모리연구소가 설립된 지 1년쯤 지난 시점이었는데, 그 당시 미국 메모리연구소의 상황은 어떠했나?

임— 당시 미국 메모리연구소는 삼성이 영입한 재미 공학자인 이상준, 이일복 박사 주도하에 현지 메모리 기술자들을 고용해 256K D램, 64K S램 등을 개발하고 있었다. 인텔과 TI 같은 미국 대표 반도체 기업들이 메모리보다 유망한 CPU(Central Processing Unit), DSP(Digital Signal Processor) 등 프로세서 사업에 집중하면서, 메모리 주도권이 일본 기업들에 넘어가던 시기였다. 그 덕분에 실리콘밸리에서 실력 있는 메모리 기술자를 고용하기 쉬운 상황이었다. 30여 명의 현지 채용 엔지니어가 256K D램, 64K S램 등을 개발하고 있었는데, 공정을 개발하는 팹(Fab) 시설도 갖추고 있었다.

양— 삼성반도체의 신입 인력들이 미국 메모리연구소로 파견되어 활동한 것으로 알고 있다. 이들은 미국에서 어떤 역할을 맡았나?

임 — 당시 병역특례로 입사한 삼성의 신입 엔지니어들 30여 명이 미국 메모리연구소에 파견되었다. 이들은 현지 엔지니어들의 보조 역할을 하면서 기술을 습득했다. '연수생'이라 불린 이들은 3년 정도 미국 연구소에 머물며 기술을 습득한 후 한국으로 돌아와 삼성의 메모리 기술 자립에 이바지했다.

당시 연수생들의 생활은 어려웠다. 합숙 생활을 했고, 다섯 명당 한 대씩 자동차를 사용했기 때문에 이동도 자유롭지 않았다. 연수생들은 서툰 영어로 현지 엔지니어들의 뒤치다꺼리를 도맡아 해야 했기 때문에 어려움이 많았다.

과장 직급이었지만 실무지식을 습득해야 했던 나는 자연스럽게 이들과 반도체 기술 자립의 꿈을 공유하게 되었고, 선배로서 이들을 격려해주고 대변해주는 역할을 했다. 지금 생각하면 쑥스럽지만, 회식 자리에서 애국가를 함께 불렀던 기억이 난다. 이들과 공유했던 기술 자립의 소명감, 정신적 연대가 귀국 후 어려웠던 반도체 기술 자립기에 큰 힘이 되었다.

양 — 미국 메모리연구소에서 근무하는 동안, 당시로는 생소한 반도체였던 EEPROM(Electrically Erasable Programmable Read Only Memory)[8] 개

발을 주도한 것으로 알고 있다. 어떤 계기로 개발을 시작하게 되었으며, 개발 시도 이후 어떤 과정이 있었는지 궁금하다.

임 ─ 64K EEPROM을 개발하는 일이었다. 회사는 실리콘밸리의 한 벤처기업으로부터 16K EEPROM 기술을 도입해서 내게 차세대 제품인 64K EEPROM을 개발하는 일을 맡겼다. 나는 당시 새롭게 등장한 비휘발성 메모리(NVM, Non Volatile Memory)[9] 기술인 EEPROM에 강한 흥미를 느꼈다.

이 64K EEPROM 개발 프로젝트의 리더 역할을 내가 했고, 한국에서 파견된 연수생들이 팀원으로 참여했다. 메모리 개발 경험이 거의 없는 신생팀이었기 때문에 먼저 도입된 16K EEPROM 기술을 완전히 이해하는 일에 몰두했다. 이후 용량이 네 배 큰 64K 칩을 개발하는 일은 회로설계, 소자, 공정 각 분야에 관한 완전한 이

---

8. 전기신호로 기록한 내용을 지우고 다시 기록할 수 있는 비휘발성 메모리. 100Å 정도의 얇은 산화막의 터널링 현상을 이용하여 플로팅 게이트(Floating Gate)에 저장하는 전자의 양을 조절함으로써 데이터를 기록했다. EEPROM의 셀은 트랜지스터 2개와 터널링 영역으로 구성되어 있다.

9. 전원이 끊어져도 정보를 유지하고 있어, 전원이 공급되면 저장된 정보를 다시 사용할 수 있는 메모리반도체. 마스크롬, EPROM, EEPROM, 낸드플래시 등이 이에 해당한다. 반면에 D램, S램 등은 전원이 끊어지면 정보가 없어지므로 저장된 정보를 유지하기 위해서는 전원을 계속 공급해주어야 하며, 그래서 휘발성 메모리(Volatile Memory)라고 부른다.

해가 필요했다.

개인적으로는 이 시기에 엔지니어로서 수행했던 메모리 설계와 소자, 공정 개발 경험이 훗날 메모리 개발팀들을 만들고 이끄는 데 큰 도움이 되었다. 전기적으로 데이터를 지우고 쓰는 EEPROM의 특성상 칩의 설계가 복잡하고 이해해야 할 분야가 많았기 때문에, 메모리 설계기술 습득에 더없이 좋은 기회였다. 1년간 순조롭게 개발이 진행되었고, 한국의 기흥공장에서 제품의 정상 동작과 양산 가능성도 확인할 수 있었다.

이후 회사로부터 "귀국해서 EEPROM의 양산 및 사업화를 담당하라."라는 지시를 받고 1985년 11월에 고국으로 돌아왔다. 한국의 상황이 극히 어려웠기에 다들 귀국을 회피하던 시절이었지만, 3년 동안 박사과정을 공부하고 2년 동안 실무를 경험한 뒤 돌아오겠다는, 유학을 떠날 때 회사와 한 약속을 지켰다. 귀국할 무렵은 둘째 아이가 태어나기 수개월 전이었는데, 아이는 한국인으로 키우겠다는 생각이 확고했다. 한국의 반도체 산업에 운명을 걸어보기로 했다.

당시 기술이 뒤처진 후발주자였던 회사는 극도의 어려움에 직면해 있었고, 직원들 모두 휴일을 반납하며 밤늦게까지 일하는 상황이었다.

기흥 삼성반도체 1985

양 — 1985년 11월에 미국에서 귀국하여 기흥 반도체연구소에서 일을 시작한 것으로 알고 있다. VLSI 메모리반도체 사업도전 선언 후 약 3년이 지난 시점이다. 한국과 미국에 메모리연구소가 설립되어 기술추격 프레임이 갖춰지고 메모리 기술 자립화가 한창 진행 중이었을 시절이었다. 당시 기흥사업장의 상황은 어떠했나?

임 — 한국에 돌아와 보니 기흥사업장에 공장과 반도체연구소가 자리 잡고 있었다. 기흥공장은 1, 2라인이 가동되고 있었는데, 마이크론에서 도입한 64K, 256K D램을 생산하고 있었다. 기흥공장의 제반 기술활동은 이윤우 기술 이사가 이끌고 있었고, 부천 시절부터 반도체 기술을 축적해온 20~30명의 간부들이 포진해 있었다. 당시 기흥공장은 제조만 하는 상황이 아니었다. 양산 시점을 앞당기기 위해 공장으로 직접 투입된 제품의 개발을 담당하는 꽤 큰 규모의 메모리 제품 기술 조직을 보유하고 있었는데, MOS 디바이스 개발팀에서 일하던 후배들이 핵심 역할을 하고 있었다.

기흥공장은 선진 제조기술을 비교적 빠르게 따라잡았다. 마이크론의 D램, 샤프의 S램 기술을 도입하면서 흡수한 제반 제조 관련 기술이 부천 시절의 경험 있는 간부들을 통해 효과적으로 기흥공장에 축적되었기 때문이다. 또, 수율에 결정적인 영향을 미치는 클린룸(Clean Room) 내 초미세먼지(Particle)를 최소화하는 청정 관리는, 일본인 고문들의 도움도 있었지만, 눈만 보이는 방진복을 입고 일해야 했던 작업자들의 헌신적인 뒷받침 덕분에 잘 관리되고 있었다. 당시에는 공기 중의 초미세먼지 관리가 수율에 중요했다. 웨이퍼 등 원자재의 결함에 관한 철저한 품질관리 시스템이 구축되었고, 생산성을 올리는 각종 개선 활동이 활발하게 진행되었다. 이런 노력이 합쳐지면서 기흥공장은 설립 초기부터 수율과 생산성 측면에서 경쟁력을 확보했다고 평가된다.

기흥의 반도체연구소는 메모리 제품 개발 중심으로 운영되고 있었는데, 김광교 소장 산하에 D램 개발팀 박용의 이사, S램 개발팀 최규현 이사 등 해외에서 활동하다가 영입된 임원들이 있었고, 신입 박사들과 과학원 등을 졸업한 석사 연구원들이 배치되어 함께 연구개발을 주도했다. 이 무렵에는 미국 메모리연구소로부터 관련 기술을 습득한 연수생들도 많이 돌아왔는데, 그들 역시 메모리 연구개발에 크게 기여했다. 기흥 반도체연구소는 당시로는 최첨단이었던 5인치 연구개발 전용 팹(M 라인)과 함께, E-Beam 기반 포토마스크 제작팀을 보유하고 있었고, 부천 시절부터 육성된 반도체 설계 CAE팀을 갖추고 있었다. 설립 초기부터 연구개발 인프라를 제대로 구축하였기 때문에 빠르고 지속적인 메모리 기술의 축적이 가능했다. 그 결과 기흥연구소는 1986년 7월에 1M D램을 성공적으로 개발하여 D램 자체기술을 확립하였고, 이후 256K S램, 256K EEPROM, 4M Mask ROM 등 다양한 메모리 기술을 개발하여 삼성의 완전한 메모리 기술자립에 기여했다.

이러한 현장의 활동을 기흥에 함께 배치된 재무, 기획, 인사 등 지원조직이 근접지원하였는데, 이들의 현장 중시, 빠른 의사결정이 초기 반도체 사업 인프라가 빠르게 자리 잡는 데 큰 도움이 되었다. 모두가 온 힘을 다해 일하는 분위기였다.

양 — 부천 출신 간부들과 해외 영입 인재, 두 그룹이 양산개발과 차세대 연구 분야에서 리더 그룹을 형성했다고 이야기해 주셨다. 실무 역할을 할 사람들이 많이 필요했을 텐데, 그들은 누구였나?

임 — 84~86년에 입사한 200~300여 명의 병역 특례요원들이 실무 역할을 맡았다. 이들이 밤낮없이 열심히 일하며 삼성반도체의 가장 힘든 시기를 함께 했다. 나라의 혜택을 받고 산업의 첨병으로 일한다는 자부심이 대단했고, 이들의 애국심과 열정이 있었기에 어려운 시기를 버텨낼 수 있었다.

이들이 반도체 굴기의 히든 히어로들 중 큰 부분이었다. 특례요원들은 기흥연구소와 기흥공장에 다수 배치되어 기술개발 실행의 중심으로 활동했다. 앞서 언급한 미국 메모리연구소 연수생들도 이들 중 일부였다. 젊고 의욕에 찼던 이들이 현장에서 익힌 반도체 기술로 2000년대 접어들어 회사의 주요 간부, 임원이 되었다. 부천 출신 간부들, 해외 영입 박사들, 병역특례 요원들. 이 세 부류 인력이 삼성 반도체 굴기 당시의 주축이라고 할 수 있다.

양 — 그 당시 일본의 견제로 64K, 256K D램 가격이 폭락하면서 경영 상황이 매우 어려웠던 것으로 알고 있다. 1987년까지 누적적자가 당시로는 기록적인 1,000억 원이 넘었다고 알려져 있다. 회사의 분위기는 어떠했나?

임 — 64K, 256K D램을 생산하고 있었으나 만들수록 적자가 나는 상황이라 라인의 가동이 어려웠다. 86년에는 2라인에서 D램을 생산하고, 1라인에서는 인텔의 EPROM의 OEM 생산이 추진되었다. '삼성이 자체 EPROM 사업을 할 수 없다'라는 조건이 달려 있었으나 그만큼 기흥공장의 가동이 절박했다.

　이종길 박사가 이 프로젝트의 책임자였고, 나도 귀국 직후 이 프로젝트에 참여해 3개월간 일했다. 결과적으로 이 인텔 EPROM 생산은 당시 기흥공장의 가동률에 도움이 되었을 뿐만 아니라, 삼성이 체계적인 품질관리 능력을 확보하는 데 도움이 되었다. 당시 최고의 반도체 기업이었던 인텔에 납품하기 위해서는 그들의 품질검사 기준을 만족시켜야 했고, 그 과정을 통해 많이 배울 수 있었다.

이 시기의 또 다른 어려움은 특허공격이었다. D램 사업에서 철수한 미국 TI사는 방대한 특허로 D램 기업들에 거액의 특허료를 요구했고, 삼성반도체도 이를 피해갈 수 없었다. 1986년에 첫 제소가 있었는데, TI 측의 요구사항이 D램 사업을 계속하기 어려울 만큼 과도했기에 이를 해결하기 위해서 담당 임원이 힘겹게 협상하던 기억이 난다. 수많은 고비를 넘어 합의에 도달하긴 했지만, 이 문제가 마무리될 때까지 막대한 특허료를 지불해야 했다. 이 사태를 계기로 사내 특허출원을 강조하였으나, 당시 기술 수준으로는 의미 있는 특허를 확보할 수 없었다.

이 시기, 삼성반도체는 기술 열세, 일본 기업들의 견제, 미국 기업의 특허공격이 겹쳐서 어려움이 계속되고 있었다. 그러나 삼성그룹의 극복 의지가 확고했고, 현장에서도 흔들림이 없었다. 이병철 회장의 비전과 의지가 모두에게 닿아 있었기 때문이다. 이를 극복하기 위해 기흥사업장에서는 '월화수목금금금' 근무가 몇 년째 이어지고 있었다.

NVM 개발팀

양 — '임형규 차장'이 연구소에 복귀한 1986년 초에 NVM(Non Volatile Memory) 개발팀이 만들어졌고 신입사원이었던 '양향자'가 이 팀에 배치되었다. 회사가 어려워서 주말도 없이 근무했고, 엔지니어들이 "챙겨야 할 경조사도 못 챙긴다."라며 불만을 표했던 기억이 난다. 당시 EEPROM 개발은 어떻게 진행되었나?

임 — 유망하지만, 시장이 충분히 형성되지 못한 미래 기술이었기 때문에 어려움이 많았다. 당시 우리 팀은 16K, 64K EEPROM의 양산 기술 확립과 사업화, 256K 제품개발을 동시에 추진했다. 256K 제품의 설계와 공정개발은 64K 기술의 연장이어서 비교적 순조로웠다. 이때 개발한 256K EEPROM 설계기술은 1988년 일본에서 열린 'VLSI 서킷 심포지엄'에 발표되었는데, 삼성반도체 최초의 해외 학술대회 논문이 되었다.

EEPROM의 개발에서 가장 어려웠던 부분은 제품 양산에 필요한 품질 신뢰성을 확보하는 일이었다. 데이터를 쓰고 지우는 동안 누적되는 산화막의 피로 현상을 제어해야 했는데, 기술축적이 필요한 고난도 기술이었다.

또 다른 어려움은 당시 NVM 팀에 배속된 대다수 엔지니어가 경력 3년 미만의 새내기 연구원들이라서 기술적인 부분을 하나하나가르치며 일을 진행해야 했다는 점이다. 그 무렵 미국의 선발 경쟁사들이 보유한 개발 인력과 경험 수준을 생각하면 대등한 경쟁은 생각하기 힘들었다. 그러나 높은 근무 강도를 견디며 최선을 다해 개발에 임했기에 팀원들의 기술 습득 속도가 매우 빨랐다. 이들이 훗날 낸드플래시 사업을 일으키는 데 많은 기여를 하게 된다.

그렇게 16K, 64K, 256K EEPROM을 보유하게 되었으나, 더 큰 문제는 사업화에 있었다. 충분히 수요가 개발되지 않은 신기술이어서 개발한 제품을 탑재할 킬러 애플리케이션(Killer Application)도 없었다. 프린터, 전자저울, 게임기 등의 사용 이력 기록이나 소규모 프로그램 업데이트 등에 사용하는 정도였다.

대규모 팀을 꾸려 일을 진행했는데, 제품이 잘 팔리지 않으니 고민이 이만저만 아니었다. 처음에는 10여 명 규모였다가 나중에는 30명 규모로 커졌지만 밥벌이가 되지 않았다. 힘든 사업화 과정을 거쳤지만 3년이 지난 1988년 당시 매출 3,000만 달러 정도로 개발비를 겨우 충당할 수 있는 수준이었다. 마케팅 담당자와 함께 그 제품을 팔려고 전 세계를 돌아다녔지만, 판매가 잘되지 않았다. 돈을 못 버니 회사에서도 찬밥 신세였다. 이 제품군으로 사업을 계속할 명분을 얻지 못한 나로서는 다른 활로를 찾을 수밖에 없는 절체절명의 난관에 부닥쳤다.

한편, 회사는 이 무렵에 삼성전자가 절실히 필요로 하던 캠코더용 CCD(Charge Coupled Device) 이미지 센서 개발팀을 내게 맡겼다. 2년여의 노력 끝에 감시용 카메라에 사용 가능한 수준의 25만 화소 제품의 사업화까지는 진전시켰으나, 캠코더용 고품질 CCD를 석권하고 있던 소니의 다크 노이즈(Dark Noise) 제어기술을 따라잡을 수 없었기 때문에 더 이상의 성장이 불가능했다. 다만 이 시기에 팀에 구축한 이미지 센서 기반기술이 2000년 이후 삼성반도체 CIS(CMOS Image Sensor) 사업의 씨앗이 되었다.

양 ─ 이후 마스크롬(Mask ROM) 개발과 사업화를 추진해 커다란 사업적 성과를 거둔 것으로 알고 있다. 그 일을 진행한 계기는 무엇이었고, 추진 이후 어떤 성과를 거뒀나?

임 ─ 1987년으로 기억하는데, 마스크롬을 개발하게 됐다. 그 당시에는 연구원들까지도 새로운 제품개발에 대한 아이디어를 얻기 위해 고객을 방문하던 시기였다.

어느 날, 일본 주재 마케팅 담당자로부터 "일본에서 닌텐도 게임이 나와서 히트를 치고 있는데, 게임 소프트가 4M 마스크롬에 저장되어 많이 팔리고 있다."라는 정보를 입수했다. 이 메모리는 비휘발성 메모리의 일종으로, 저장 데이터가 칩의 제조과정에서 고정되는 메모리이지만, 제조공정이 단순하여 고용량, 저가격이 가능한 메모리였다.

EEPROM과 같은 첨단 메모리 기술은 아니었지만, 게임기의 코드저장이나 프린터의 폰트저장 용도로 이미 큰 시장이 형성되어 있었다. 그러나 샤프나 도시바 등 일본 기업들이 시장을 장악한 채 공급을 조절하고 있어서 한국과 대만의 고객들이 구매에 어려움을 겪고 있다는 사실을 알게 되었다.

곧바로 NVM 팀 10여 명을 투입해 개발에 착수해서 1년 반 만에 제품을 내놓았고, 제품이 나오자마자 고객이 줄을 섰다. 그렇게 3년이 지나자, 연간 4억 달러의 매출을 기록했다. 이전까지 일본에서 독점하며 공급을 조절했기 때문에 이익도 많이 났다. 그때부터 우리 팀이 살아나기 시작했다. 당시까지 NVM팀은 회사에서 큰 관심을 두지 않았는데, 매출이 크게 발생하고 돈이 벌리자 관심을 받게 됐다.

그 일을 계기로, 나는 기술혁신 못지않게 비즈니스와 결합할 수 있는 기술을 만드는 일이 무척 중요하다는 사실을 깨닫게 되었다. 기술의 이해가 기본이지만, 그에 못지않게 기술의 사업적 의미를 생각하는 경영자로서 눈을 뜬 기회였다.

이병철 회장 타계

양 — 반도체 신화의 창작자이자 주인공이었던 이병철 회장이 1987년 11월 타계했다. 한국의 민주화가 6.10 항쟁으로 결실을 맺고 민주적인 선거에 의한 대통령이 탄생하기 한 달 전이었다.

삼성반도체가 1987년 당시 D램 가격하락으로 기존 1, 2라인조차 제대로 돌릴 수 없을 만큼 어려운 상황이었음에도 이병철 회장이 3라인 착공을 지시했던 일화가 널리 알려져 있다. 당시 이병철 회장이 '미·일 반도체 분쟁으로 삼성에 큰 기회가 올 것'이라고 예견했다는 것이다. 그의 예상대로 찾아온 1988년의 D램 호황 덕분에 삼성은 누적적자를 모두 회복하고 D램 사업에 자신감을 얻었다. 그가 반도체를 위해 남긴 마지막 '신의 한 수'였던 셈이다. 이병철 회장과 관련한 기억이나 소회가 있다면 무엇인가?

임 — 이병철 회장의 '사업보국'의 경영이념은 나에게 단순한 직장생활을 뛰어넘는 소명감을 심어주었다. 이 소명감을 당시 삼성반도체인들 대부분이 공유하고 있었기에 고된 근무환경에도 오랜 기간 일치단결하여 국가적 사업에 매진할 수 있었다. 그런 면에서 그는 기업가를 뛰어넘는 시대의 선각자이자 애국자였다.

1986년 어느 날, 그가 해외에서 학위를 받고 삼성반도체에 합류한 대여섯 명의 박사들을 초대해 차를 마시는 자리에 참석했던 적이 있다. "젊은 박사들이 이렇게 어려운 상황 속에서도 귀국해서 나라를 위해 일해주어 고맙다."라는 말씀에 진심 어린 애국심이 느껴졌었다. 악수하는 손이 너무 힘없고 부드러워 살짝 걱정되었던 기억이 난다.

훗날 나는 삼성종합기술원장으로 일했는데, 그곳이 그가 설립한 마지막 조직임을 알게 되었다. 기술의 중요성을 절감하고 기술만이 살 길이라는 신념을 가진 그였지만, 당시 한국은 선진 기술을 따라가는 기술 후진국이었다. 그가 타계한 1987년, 지극히 어려운 경영환경에서도 삼성종합기술원을 설립했다는 점에서 그의 기술 개척을 향한 간절한 염원이 드러난다. 당시 '무한탐구(無限探求)'라는 그의 휘호가 기흥연구소 곳곳에 걸려있었다. 처음에는 생소했으나, 그 네 글자가 반도체 사업의 성공방정식이라는 사실을 그의 사후에 점점 더 명확하게 느끼게 되었다.

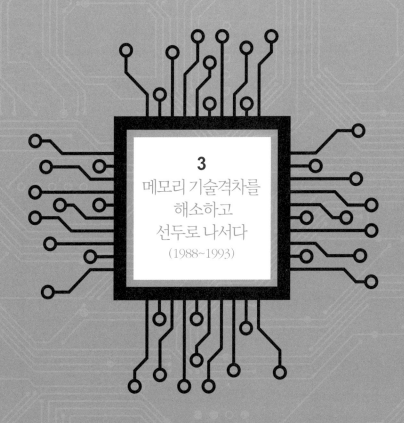

3
메모리 기술격차를
해소하고
선두로 나서다
(1988~1993)

3

1987년 말, 이건희 회장이 취임한 후, 삼성반도체가 메모리 기술 격차를 해소하고 선두그룹으로 진입한 1993년까지의 이야기이다. 삼성반도체는 D램 셀의 3차원화 과정에서 조기에 스택 방식으로 방향을 잡아 4M, 16M D램에서 선진기업과의 격차를 빠른 속도로 줄여나갔고, 반도체연구소의 차세대 공정기술 개발 투자를 확대한 결과, 1992년 64M 시제품 개발로 D램 기술격차를 해소했다. 그런 한편, 선제적인 대구경 라인 건설로 생산량을 확대하여 1993년에 메모리 시장점유율 1위에 올랐다.

이 시기에 임형규는 S램, 마스크롬 등 Non-D램 메모리 개발을 총괄하여 사업을 크게 확장시켰다. 그 결과 삼성은 D램뿐만 아니라 메모리반도체 전체에서 세계 선두로 나설 수 있었고, 레거시 라인을 풀가동하며 신규 라인의 공격적 건설을 계속할 수 있었다. 또한, 그는 이 시기에 플래시 메모리 사업 탄생을 이끌었는데, 그 과정을 상세히 이야기한다.

| 삼성,
반도체 입문 | 메모리
창업기 | 선두권
진입기 | 싱글톱
도약기 | 시스템반도체
재출범 |

메모리 기술격차 해소

양 ─ 이병철 회장 타계 이후, 1987년 12월부터 이건희 회장이 삼성그
룹의 경영을 이어받았다. 1988년은 서울올림픽이 성공적으로 개최되었
고, 국민투표로 당선된 노태우 대통령이 새로운 북방정책을 선언한 희
망의 해였다. 삼성은 D램 사업진출 이후 처음 맞는 초호황 덕분에 기존
의 적자를 모두 회복하고 한숨을 돌린 것으로 알려져 있다. 1988년에
부임한 김광호 반도체 총괄은 삼성반도체를 어떻게 진화시켰나?

임 ─ 미국의 일본 메모리 업체 반덤핑규제로 인해 조성된 1988년의 D
램 호황은 길지 않았다.[10] 미국도 일본 이외에는 대안이 없는 현실적인
한계로 인해 일본 D램 기업들을 끝까지 막을 수 없었기 때문이다. 후
발 한국 기업과 일본 선진기업의 D램 기술격차 또한 여전한 상황이어서

1980년대 말 일본 기업들의 D램 세계 시장점유율이 80%에 달하고 있었다. 삼성반도체 내부적으로는 첨단 D램 라인의 공격적인 건설로 인해 남겨진 유휴 라인 가동 문제도 경영 이슈로 부각하던 시기였다.

1989년 초, 삼성그룹과 김광호 반도체 총괄은 이 같은 어려움을 타개하기 위해 반도체 조직을 크게 바꾸었다. 차세대 기술개발 속도를 높이고 메모리 포트폴리오를 다변화하여 반도체 사업을 안정시키려는 목적이었다. 이 조직체계는 그가 반도체 총괄로 재임한 1993년 말까지 유지된다.

먼저 차세대 연구개발 강화를 위해 이윤우 기흥공장장을 반도체 연구소장으로 전임시켜 64M, 256M, 1G D램의 3세대 동시 개발을 추진하고 차세대 공정 기술개발을 강화하게 하였다. 이를 위해 최첨단 연구소 팹(U라인)을 건설했는데, 메모리 기술에서 선진기업들을 추월하겠다는 삼성의 의지가 담긴 투자와 조직 개편이었다.

이와 함께 D램 제품의 설계와 사업화를 책임지는 '메모리 1담당'을 신설하여 진대제 박사가 이끌도록 했다. D램 개발의 리더십 세대교체와 함께, 연구소와 기흥공장에 분산된 D램 관련 기술조직

---

10. 일본 메모리반도체 기업들의 생산확대와 염가 공세로 생존이 어려워진 마이크론, 모스텍 등 미국 메모리반도체 기업들이 1985년 하반기여 USTR(미국 무역 대표부)에 덤핑 혐의로 일본 기업들을 제소하였고, 이후 정부간 협상을 통해 수출량의 제한에 합의하였다. 이후 일본 기업들의 감산으로 D램 가격이 상승하자, 삼성을 비롯한 한국의 기업들이 한시적으로 호황을 누렸다.

을 통합해 16M 이후 D램 제품개발을 가속화 하려는 조치였다.

함께 신설된 '메모리 2담당' 조직은 D램 이외의 메모리(Non-D램) 개발과 사업화를 책임지도록 했는데, 내가 이 조직을 맡게 되었다. 이 조직에는 S램, MROM, EEPROM 개발팀들이 소속되어 있었다. D램 이외의 메모리 개발을 가속하여 유휴 라인 가동률을 올리고 D램 사업의 불안정성을 보완하려는 전략이었다.

양 — 김광호 반도체 총괄이 진두지휘하던 1988~1993년에 삼성반도체는 기술추격을 완성하고 메모리 사업에서 선두권으로 진입한 것으로 평가되고 있다. 당시의 하이라이트를 정리해본다면 어떤 것들이 있나?

임 — 회사의 중심사업이었던 D램 부문은, 잘 알려진 바와 같이 D램의 셀(Cell) 기술이 3차원으로 바뀌는 과정에서 조기에 스택(stack) 공법으로 방향을 잡아서 성공적으로 4M, 16M D램의 기술추격 속도를 높여 나갈 수 있었다.[11] 1992년에는 64M 시제품을 확보하여 차세대 제품개발에서

---

11. 반도체 용량 증가에 따라 칩 평면에만 셀을 집적시키는 방식이 물리적 한계에 부딪히자, 셀을 위로 쌓아 올려 집적도를 높이는 '스택(stack) 공법'과 셀을 아래로 파고 내려가면서 집적도를 높이는 '트렌치(trench) 공법'이 등장했다. 웨이퍼 표면을 아래로 파내어 셀을 집적하는 트렌치 공법은 칩을 작게 만들 수 있다는 장점이 있어서 도시바 등 많은 업체들이 트렌치 방식을 추구하였다. 그러나 트렌치 공법은 스택 공법에 비해 공정이 까다롭고, 제품 불량이 발생했을 때 내부 회로를 확인하기 힘들어 문제 해결이 어렵다. 삼성은 이 같은 문제점을 고려해 스택 공법을 채택하였다.

선진기업을 따라잡았다. 이 64M 시제품에서의 기술격차 해소는 공정기술이 비약적으로 발전했기에 가능한 일이었는데, 유명한 '수요공정회의'가 큰 역할을 했다.

'수요공정회의'는 매주 수요일마다 공정 인력들이 참석하여 진행한 회의로, 이윤우 연구소장이 매번 직접 참여했기 때문에 엔지니어들의 압박감이 무척 높았다. 그러나 그러한 압박감이 포토, 에칭 등 단위공정 엔지니어들에게 강력한 모티브로 작용했다.

삼성반도체는 당시 D램 불황으로 투자를 머뭇거리던 경쟁사들과 달리 제조 라인을 공격적으로 건설하여 1992년에 D램 시장점유율 세계 1위를 차지했고, 이듬해에는 메모리 전체 시장점유율에서도 세계 1위를 달성했다. 업계 최초 8인치로 건설된 5라인의 가동이 시장점유율 1위 달성에 크게 기여했다. Non-D램 사업도 이 시기에 주목할 만한 매출성장을 이루어 메모리반도체 1위 달성에 기여했다.

비록 5대 일본 메모리 기업들이 건재한 상황에서 미세한 차이로 시장점유율 1위에 등극한 것이지만, 모두에게 메모리반도체 사업에서 이길 수 있다는 자신감을 심어준 큰 이정표였다. 여전히 질적으로 부족한 부분이 많이 남아 있었으나, 삼성반도체가 메모리 업계의 선두그룹으로 부상한 시기였다. 그리고 이 시기에 낸드플래시 메모리 개발이 시작되어 새로운 성장의 씨앗이 뿌려졌다.

Non-D램 사업을 확대하다

양 — 삼성은 메모리 사업 도전 10년 만에 선진 기업들과의 기술격차를 해소하고 D램 사업에서 선두그룹에 진입했고, 이러한 삼성의 D램 기술 추격 신화는 단위공정 개발에 대한 집중투자와 함께 '3세대 동시 개발'을 추진했기 때문이었다고 정리해주셨다.

같은 시기에 삼성의 Non-D램의 사업도 크게 발전했는데, D램과 달리 많이 알려지지 않았다. 당시 메모리 2담당으로서 Non-D램의 성장을 이끈 경험을 듣고 싶다.

임 — 메모리 2담당은 S램 팀과 NVM 팀을 합쳐 산하 인원이 150명쯤 됐다. 당시 S램 팀이 NVM 팀의 3배 정도로, D램 다음으로 규모가 컸기 때문이다.

메모리 2담당으로 부임한 이후, 5년간 다양한 S램 제품 개발과 사업화를 신속하게 진행하였다. 당시 삼성의 S램 엔지니어들이 5년 정도 경험을 축적한 상태였고, 나도 이미 메모리 개발과 사업화에 익숙했기 때문에 설계, 공정의 개발 속도를 빠르게 끌어올릴 수 있었다. EEPROM과 달리 S램은 휴대용 기기의 메모리로 광범위하게 쓰여서 큰 시장이 형성되어 있었고, 대형 컴퓨터의 성능을 올려주는 캐시메모리로서의 활용도 점점 늘고 있었다.

인텔, 썬 마이크로시스템스((SUN Microsystems, 이하 썬)에서 필요로 하던 고속 S램 제품의 개발이 순조롭게 진척되었고, 저전력 S램도 디지털 이동통신의 빠른 성장과 함께 시장이 확대되고 있었다. 회사는 빠르게 이 사업을 확장하기 위해 Non-D램 메모리 사업을 전담하는 마케팅팀을 만들어 이상완 이사에게 사업추진을 맡겼다. (이상완 이사는 이후 LCD 등 평판디스플레이 산업 개척에 크게 공헌했다) 1994년 D램 초호황으로 회사의 매출이 100억 달러를 처음 돌파했는데, S램과 마스크롬을 주축으로 한 Non-D램 매출이 약 20%를 차지한 것으로 기억한다. 이 S램과 마스크롬은 D램에 비해 시장이 안정적이었고, 또한 D램이 사용하고 남긴 레거시 라인의 가동률을 올려줌으로써 삼성의 메모리 사업의 안정적 성장에 크게 기여했다.

그 당시 추진한 고속 S램 개발은 훗날 D램의 고속화 기술뿐만 아니라, 시스템반도체용 로직 기술개발의 기반을 마련해 주었다. 당시 D램을 포함한 메모리의 액세스(access) 속도가 100나노초(ns) 수준이었는데, 20나노초 수준의 고속 S램 개발을 위해 공정, 소자, 설계, 검사 등 전 분야에서 새로운 기술개발이 필요했다. BiCMOS 고속 트랜지스터, 다중 메탈 배선, 고속 동작 회로 기술 등이 이 시기에 축적되었다.

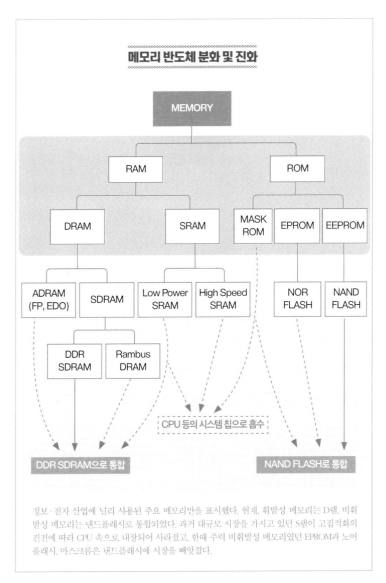

메모리 반도체 분화 및 진화

MEMORY

RAM — ROM

DRAM / SRAM — MASK ROM / EPROM / EEPROM

ADRAM (FP, EDO) / SDRAM — Low Power SRAM / High Speed SRAM — NOR FLASH / NAND FLASH

DDR SDRAM / Rambus DRAM

CPU 등의 시스템 칩으로 흡수

DDR SDRAM으로 통합

NAND FLASH로 통합

정보·전자 산업에 널리 사용된 주요 메모리만을 표시했다. 현재, 휘발성 메모리는 D램, 비휘발성 메모리는 낸드플래시로 통합되었다. 과거 대규모 시장을 가지고 있던 S램이 고집적화의 진전에 따라 CPU 속으로 내장되어 사라졌고, 한때 주력 비휘발성 메모리였던 EPROM과 노어플래시, 마스크롬은 낸드플래시에 시장을 빼앗겼다.

< 그림 2 >

낸드플래시 메모리 사업의 탄생

양 ― 현재 삼성반도체의 메모리 사업 영역에서 D램과 함께 양대 주력 사업을 이루는 낸드플래시 메모리가 이 시기에 시작된 것으로 알고 있다. 당시 EEPROM 기술을 진화시켜 낸드플래시 메모리 사업을 만들어 낸 이야기를 듣고 싶다. 메모리반도체 역사의 중요한 부분이다.

임 ― 1988년 어느 날의 일이다. VLSI 기술 심포지엄에 발표된 논문의 다이제스트를 읽다가 도시바 반도체연구소의 마스오카 후지오 박사팀이 발표한 'NAND EEPROM Cell'에 관한 논문이 눈에 띄었다. 마스크롬에 널리 쓰이는 낸드 구조를 EEPROM에 적용하여 집적도를 획기적으로 높일 수 있는 아이디어였다. 이 아이디어는 기존 EEPROM과 같이 바이트(Byte) 단위로 읽기(read)가 가능하지만, 쓰기(write)는 바이트 단위가 아닌 블록(block) 단위로만 가능하다는 한계를 가지고 있었다. 그러나 EEPROM보다 메모리 셀 구조가 간단해서 대용량 파일 등을 저장하는 용도로 개발하기에는 유리하겠다는 생각이 들었다. EEPROM 관련 기술을 수년째 개발하고 있었기 때문에, 금세 테스트 칩을 만들어 그 셀의 동작을 증명해 볼 수 있었다. 그러나 어떤 제품에 응용해서 활용할 수 있을지가 막막했다.

1990년경 삼성전자 가전 중앙연구소를 방문할 일이 있었다. 연구소장이 당시에 막 등장한 소니의 전자 스틸 카메라를 보여주었다. 카메라에 까만 플로피디스크 드라이브가 장착되어 있었는데, 촬영된 영상이 플로피디스크에 저장되면 디스크를 다시 갈아 끼우는 방식이었다. 카메라에 장착된 커다란 디스크가 다소 불편해 보였고, 1M 정도의 NAND EEPROM 정도면 이런 응용에 꼭 맞겠다는 생각을 했다. 이후 낸드 셀을 이용해 256바이트로 이루어진 하나의 페이지(Page) 단위로 쓰고 읽기가 가능한 1M EEPROM 제품의 사양을 정한 다음, 여러 응용처에 사용 가능성을 타진했다.

양 — 당시 '페이지 EEPROM'으로 명명되어 1M 제품이 개발되었던 것으로 기억한다. 그러나 고객들에게 개념조차 잘 알려지지 않았던 시점이었던 만큼 활로를 찾기가 쉽지 않았던 것 같다. 이후에는 일이 어떻게 진행되었나?

임 — 어떻게 해서든 EEPROM 사업을 살려야 한다는 절박함으로 낸드 셀을 이용한 1M 페이지 EEPROM을 개발했지만, 그 제품을 사업화할 능력이 없었다. 당시에는 업계 표준을 주도할 능력도 없었고, 한국에는 새로운 메모리를 사용해 전자제품을 개발할 능력을 보유한 기업도 없었다. 결과적으로 1M 페이지 EEPROM 개발에는 성공했으나 사업화에 실패했다.

그로부터 1년쯤 지난 1992년 어느 날, 도시바에서 자체 낸드 기술을 이용해 사업화를 추진한다는 정보를 입수했다. 당시 일본은 컨슈머 전자산업을 이끌고 있었고, 디지털카메라 같은 새로운 전자기기를 탄생시킬 능력을 보유한 국가였다. 마침 도시바는 삼성전자와 오랜 협력 관계를 맺고 있어서, 당시 반도체 총괄이었던 김광호 대표에게 도시바와의 낸드 분야 협력을 요청했다. 이후 그해 여름 홋카이도에서 열린 양사 협력 회의에서 낸드 협력을 제안했고, 도시바에서 흔쾌히 제안을 수락했다.

당시 비휘발성 메모리 업계는 도시바의 낸드를 비롯해 여러 가지 고용량 EEPROM 셀 기술들이 발표되고 있었는데, 대표적으로 히타치의 앤드(AND), 미쓰비시의 다이노어(DINOR), 샌디스크의 트러플 폴리(Triple Poly) 등이 경쟁하고 있었다. 도시바로서는 삼성과의 협력으로 제품 공급에 대한 안정감을 제공할 수 있고, 관련 기술 경쟁에서 우위를 점할 수 있는 좋은 파트너십이 될 수 있겠다고 판단했던 것 같다.

1992년 12월, 도시바의 낸드 셀 구조와 관련한 특허 라이센스와 함께 A3용지에 그려진 기능 블록 도면이 주어졌다. 각자 기술로 호환 가능한 칩을 개발해 시장에 공급하는 협력 형태였다. 그 당시 EEPROM 제품개발 경험은 삼성이 더 풍부했을 것이다. 이미 16K, 64K, 256K 제품을 사업화했고 비록 사업화에는 실패했으나 낸드 셀을 이용하여 1M 페이지 제품도 개발한 바 있어서 독자 개발에 자신이 있었다. 곧바로 개발에 착수해 1994년 하반기에 첫 제품인 16M 낸드 EEPROM 개발을 완료했다. 먼저 개발에 착수한 도시바 와 거의 동시였던 것으로 기억한다.

양 — 도시바가 발명한 낸드 셀은 이후 32M 제품의 개발과정에서 구 조적 한계를 드러냈고, 이 문제를 해결하는 동작 방식을 삼성이 발명하 여 도시바에 제공한 것으로 알고 있다.

임 — 도시바가 발명한 기술은 메모리 셀의 선택적 프로그램을 위해 비 트 라인에 약 10V의 고전압이 필요했다. 그런데 메모리 배열(Array) 내에 이러한 고전압의 존재가 대용량화를 위한 미세화에 근원적 한계를 부여 했다. 이러한 근원적 문제는 삼성의 개발팀이 셀프 부스팅(self boosting) 이라는 새로운 프로그램 방식을 발명하면서 고전압이 필요하지 않게 되었고, 그 덕분에 셀 고집적화의 근원적 장애물을 제거할 수 있었다.

또 하나의 난제는 256바이트의 셀을 동시에 프로그램할 때 발 생하는 불균일한 프로그램 문제였는데, 이 문제는 ISPP(Incremental Step Pulse Programming)라는 새로운 방식을 개발하여 해결할 수 있었다. 이밖에 수많은 설계혁신 끝에 32M 낸드 EEPROM 제 품의 개발에 성공했다. 이 기술들은 1995년 반도체 국제학회인

ISSCC(International Solid-State Circuits Conference)에 발표되어 경쟁 기업 모두를 놀라게 했다.

당시는 도시바와의 경쟁보다 낸드의 사업적 성공이 더 큰 이슈였다. 도시바에 이 발명을 공개하고 우리의 성공을 알리자 도시바는 큰 충격에 빠졌고, 몇 주 뒤에는 그동안 어려움을 겪던 32M 제품의 공동개발을 제안했다. 우리가 발명한 새로운 동작 방식 설계 특허를 라이센스 해 주는 대가로 도시바는 애초 맺었던 낸드 셀의 라이센스 조건을 대폭 완화해 주었다. 이런 과정을 거쳐 양사는 호환 가능한 32M 제품을 나란히 출시하여 낸드 시장개척에 본격적으로 나설 수 있었다.

이렇게 도시바의 낸드 셀과 삼성의 새로운 동작 방식으로 완성된 낸드 EEPROM의 기본 기술프레임은 저비용 고용량 플래시 메모리의 길을 활짝 열었고, 이후 다른 경쟁기술을 압도하기 시작했다. 제품군의 명칭도 64M부터는 '낸드 EEPROM'에서 플래시처럼 번쩍하는 순간에 데이터가 소거된다는 의미로 '낸드플래시'로 바뀌었다. 낸드의 고용량화는 하나의 셀에 2비트 이상의 데이터를 저장하는 방식인 MLC(Multi level cell) 기술의 개발로 더욱 가속화되었는데, 이 기술의 개발로 낸드와 대용량화를 경쟁하던 노어, 트리플 폴리 등 셀의 크기가 크지만 MLC에 유리하다고 생각되던 경쟁기술들과 완전한 격차를 낼 수 있는 길이 열렸다. 삼성이 개발한 이 낸드 최초의 MLC 기술은 1996년 ISSCC에 발표되었다.

양 ― 기술적인 쾌거였지만, 당시는 낸드플래시 메모리 관련 시장이 본격적으로 열리기 이전이었다. EEPROM 개발 당시와 마찬가지로 '사업화'가 고민이었을 것 같다. 수요가 없으면 문제가 심각해질 텐데, 사업화에 대한 확신이 있었나?

임 ― EEPROM 때와 마찬가지로 낸드플래시 개발팀의 가장 큰 어려움 역시 제품의 사업화였다. 디지털카메라나 보이스펜에 응용할 것을 염두에 두고 있었지만, 시장이 제대로 형성되지 않은 시기였기 때문에 첫 제품이었던 16M는 거의 생산하지 못하는 상황이었다. 팀 내에서는 매우 흥미롭고 장래가 유망하다고 믿고 있었지만, 경영층은 반신반의하는 분위기였다.

초기의 어려웠던 시장개척은 가정용 전화기에 사용하는 디지털 자동응답기의 응용을 개발하면서 일대 전기를 맞았다. 당시에는 부재중 전화가 왔을 때 발신자가 남긴 메시지를 들려주는 음성녹음에 약간의 불량 비트가 생긴 D램을 사용하고 있었는데, 배터리도 필요하고 가격도 높았다. 이것을 4M 낸드플래시로 대체하는 응용개발이 성공을 거두면서 사업을 계속할 수 있는 최소 물량을 확보할 수 있었다.

97년경 이후부터는 디지털카메라, 보이스펜, 디지털 휴대전화 시장이 성장하면서 낸드플래시 사업 매출이 해마다 두 배씩 성장했고, 1999년에 이르러서는 1억 달러가 넘는 매출을 달성하는 유망 신사업으로 성장하였다. 특히 일본 올림푸스의 디지털카메라가 초기 사업확장에 큰 도움이 되었다. 이 같은 성장 기조는 그 후로도 계속 이어져 오늘날 삼성의 주력사업으로 성장하게 되었다.

양 — 디지털카메라, USB, 휴대전화 등 컨슈머 기기의 디지털 전환이 낸드플래시 사업에 날개를 달아준 것 같다. 이후 별다른 문제 없이 사업이 진행되었나?

임 — 매출이 점점 증가했지만, 그렇다고 일이 순조롭지만은 않았다. 낸드플래시 초기 사업은 1996년 어느 날 샌디스크로부터 특허 침해소송을 받으면서 큰 문제에 직면했다.[12]

부랴부랴 선행특허를 검색하여 유사특허가 3년 전 지멘스에 의해 등록된 사실을 발견하고 특허 무효 소송을 제기했다. 판결이 한

---

12. 256바이트의 셀을 동시에 프로그램하기 위해서는 각 비트 라인에 데이터 버퍼를 배치하고 프로그램 사이클마다 상태를 점검해 프로그램이 끝난 셀은 자동으로 프로그램이 방지되어야 했다. 그런데 그 관련 회로가 미국 특허청에 등록된 샌디스크의 특허를 침해했다는 내용이었다.

달 앞으로 다가온 어느 날, 샌디스크가 사전 화해를 원한다는 소식을 변호사로부터 전해 들었다. 변호사는 "우리가 유리하니 그냥 판결로 가자."라고 조언했다. 그러나 판결 결과는 반대였다. 우리의 패소였다.긴급히 샌디스크로 날아가 당시 CEO였던 엘리 하라리(Elli Harari)와 협상 테이블에 마주 앉았다. 나중에 알게 되었지만, 그는 EEPROM의 최초 발명자였다. 그는 라이센스 조건으로 10%가 넘는 매우 높은 특허료를 요구했다. 도저히 받아들일 수 없는 조건이어서 온종일 같은 말만 되풀이하다가 협상이 끝나버렸다. '낸드 사업을 포기해야 하나?' 하는 생각마저 들 지경이었다.

이후 4, 5일쯤 지나서 다시 협상하자는 연락이 왔기에 가봤더니, 이번에는 한결 부드러워진 분위기였다. 긴 줄다리기 끝에 협상이 타결되었다.

나는 플래시 메모리 사업의 장기적 성장에 장애요소가 되는 상황을 피하고자, 처음에는 로열티 비율을 높게 시작한 후, 해를 거듭할수록 낮아지는 구조에 초점을 맞췄다. 시장이 서서히 성장하는 산업이라, 시간의 흐름에 따라 사업이 점점 커질 것으로 보았다. 반면 샌디스크는 당시 재정상태가 좋지 않은 신생기업이어서 당장 확보할 수 있는 초기 계약금에 더 중점을 두고 있었다. 이 특허 협상으로 삼성은 초기 낸드플래시 사업에 큰 부담을 안게 되었지만, 사업의 생존과 장기적 성장에 필요한 최대 난관을 돌파할 수 있었다.

수년 후 도시바도 이 특허 문제에 당면했는데, 해법은 달랐다. 두 기업은 공동으로 개발·제조하고 판매는 각자 하는 합작 방식에 합의했는데, 그 결과 도시바의 공정기술력과 샌디스크의 설계기술력이 상호보완하여 경쟁력이 높아졌다. EEPROM의 발명자가 창업한 샌디스크와 낸드를 발명한 도시바의 협업이 이루어진 셈이다.

훗날 샌디스크는 웨스턴디지털에 인수되었고, 도시바의 낸드플래시 사업은 본사로부터 분리된 이후 외국 자본을 유치하여 키옥시아로 사명이 바뀌게 되었다. 이 합작기업들의 경쟁력은 지금까지도 유지되어, 둘을 합치면 플래시 메모리 시장에서 30% 수준의 점유율을 유지하고 있다.

양 — 낸드플래시는 도시바의 소자기술 발명에 삼성의 설계기술 발명을 결합하여 완성되었다고 말씀해주셨다. EEPROM 개발부터 낸드플래시 메모리 사업 탄생까지 상당히 오랜 시간이 걸렸고, 나도 이를 담당한 부서에서 일하며 어려움을 직접 느낄 수 있었다. 이를 극복하고 낸드플래시 메모리 사업을 개척해낸 소회를 듣고 싶다.

임 — 기존 사업에 참여하여 추격하는 형태의 사업이 아닌 새로운 기술과 시장개척이 필요했던 낸드플래시 사업의 성공사례는 당시 삼성전자에서는 새로운 경험이었다. 사실 기업에서 긴 시간이 소요되는 기술개발은 생존하기가 어렵다. 특히 잠재시장의 가능성만으로 긴 시간을 버티기는 더더욱 어렵다. 훗날 어느 반도체 관련 글로벌 경영자 모임에서 이 사례를 발표했을 때 받은 질문이 "어떻게 이 EEPROM/NAND 프로젝트가 10년 넘게 미미한 경영성과를 내면서도 생존할 수 있었느냐?"는 것이었다. 대답하기 어려웠다.

여기에는 몇 가지 요소가 있었다고 생각한다. 삼성그룹의 장기적 안목에 의한 투자, D램 사업의 불안정성을 보완할 필요와 같은 외적 환경 등이다. 그러나 무엇보다 중요한 것은 미래 '대세기술, 필연산업'에 관한 전문가들의 확신, 그 확신에 대한 경영진의 신뢰가 있었기에 가능한 일이었다. 기술개발부터 사업화에 이르기까지 끊임없이 실패 가능성을 점검하고 경쟁기술에 대한 우위를 확인했다. 그 수면 아래에는 절실함이 있었다. 새로운 기술의 성공 이외에 다른 돌파구가 없었던 사람들의 성공을 향한 의지와 노력이 숨어 있었다.

그 후 나는 후배들에게 '간절함이 실무능력과 결합되면 누구나 나름의 성공을 거둔다. 다만 그 성공의 크기는 행운이 결정한다'라고 말하곤 했다.

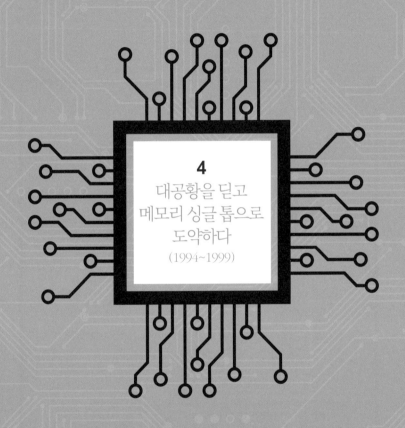

4

대공황을 딛고
메모리 싱글 톱으로
도약하다
(1994~1999)

4

삼성반도체가 경쟁기업들을 큰 격차로 따돌리고 메모리반도체 산업의 압도적인 싱글 톱으로 우뚝 선 1994년부터 1999년까지 6년간의 이야기다. 1994, 1995년의 D램 산업 초호황은 12개 경쟁기업 모두의 과잉투자를 불렀고, 이는 1996년부터 D램 가격의 급격한 하락으로 이어졌다. 1998년까지 3년간 이어진 D램 산업 대공황으로 대다수 일본 기업이 이후 수년에 걸쳐 사업을 접었고, 5개 D램 기업만 살아남는 산업계의 대 재편이 일어났다.

이 시기에 메모리 개발 및 사업화 총괄임원이었던 임형규는 삼성반도체가 차별화된 제품과 원가경쟁력으로 업계에서 유일하게 큰 손상 없이 이 대공황을 극복하는 데 기여했다. 이 장에서는 삼성반도체가 이 시기에 경쟁기업들과 큰 차이를 만들어 낸 차별화 전략을 상세히 소개한다. 이와 함께 삼성의 메모리반도체 사업 성공 요인의 분석도 뒤따른다.

| 삼성,
반도체 입문 | 메모리
창업기 | 선두권
진입기 | 싱글톱
도약기 | 시스템반도체
재출범 |

설계기술 혁신, 제품 차별화를 추구하다

양 — 1993년 말, 김광호 반도체 총괄이 삼성전자의 전사 CEO로 발탁되었다. 당시 인터넷의 확산으로 PC 산업이 급성장하고 있었고, 이에 따라 D램의 시황 전망이 매우 밝은 시기였다. 휴대폰을 필두로 디지털 전환이 가시화되는 시기였기에 삼성전자의 완성품 사업에도 서광이 비치기 시작했다. 이러한 희망을 바탕으로 이건희 회장의 신경영이 선언된 지 수개월이 지난 후였다. 삼성반도체는 이후 어떤 길을 걸었나?

임 — 김광호 CEO의 후임으로 이윤우 연구소장이 반도체 총괄로 선임되었다. 1994년 초, 이윤우 반도체 총괄은 기존의 메모리 1, 2 담당을 통합하여 메모리본부를 출범시키고 진대제 박사를 본부장으로 임명했다. 이로써 기존의 D램과 Non-D램 메모리 개발과 사업화 조직을 하나로 통합한 메모리 사업의 중심조직이 탄생했다. 나머지 조직은 특별한 변화 없이 반도체연구소가 차세대 기술개발, 기흥공장이 제조, 마케팅 부문이 영업을 담당했다.

메모리본부의 출범은 제품개발 조직이 사업의 경쟁력을 책임지는 중심조직으로 진화하는 시작점이었다. 단순한 기술개발 목표보다는 사업경쟁력에 초점을 맞춘 다양한 개발 활동을 본부 내에서 기획하고 목표를 수립하도록 했다. 메모리본부는 그 산하에 메모리 설계 부문, 공정기술 부문, 제품기술 부문을 두었는데, D램과 Non-D램으로 이원화된 체제 아래에 나뉘어 있던 기술인력을 부문별로 통합함으로써, 두 부문 중 앞선 기술을 메모리 분야 전체에 전파할 수 있게 되었다. 인력 운용의 풀을 넓혀 유연하게 인력을 활용할 수 있다는 점을 고려한 포석이기도 했다.

양— 1994년 초 단행된 이 조직 개편으로 D램을 포함한 메모리 설계 부문 총괄 책임자가 되셨다. 앞서 이야기했던 대로 D램은 이미 1992년 이후 시장점유율 세계 1위였고, 64M 시제품에서 선진기업들을 따라잡은 상황이었다. 메모리 설계부문 책임자가 된 이후 새롭게 맡게 된 D램 부문에 남아 있는 핵심 과제는 무엇이었나?

임— 당시 D램은 생산량이나 공정기술에서 선두권에 있었다. 하지만 최강 기업으로 자리 잡기 위해서는 부족한 점들이 많이 남아 있었다. 가장 큰 문제는 고객기반과 사업의 안정성이었다. 1994년 당시는 PC 수요의 급격한 증가로 D램 사업이 초호황이었다. 그러나 수요가 크지만 진입이 쉬운 이 시장을 두고 12개 D램 기업들이 경쟁하는 상황이었다. 기존 주도권을 지키려는 일본 기업들과 추격하는 한국, 대만 기업들이 경쟁적으로 제조공장 확장에 투자하는 시기였다. 공급과잉과 가격 급락이 예상되었다.

사업 안정화를 위해서는 PC 이외의 응용에서 '차별화된 제품'으로 다양한 고객들과 파트너십을 형성하는 것이 중요하다고 생각하고 있었지만, 당시 삼성반도체는 후발주자로서 그 역량이 충분하지 못했다. 서버나 스토리지 같은 대형 시스템 응용을 위해서는 한 단계 높은 신뢰성과 품질 수준을 갖춘 D램이 요구되었다.

이 밖에 D램 응용으로 그래픽이나 게임기기 시장이 성장하고 있었는데, 이 시스템들은 원활한 구동을 위해 고속 입출력(High Bandwidth) D램이 필요했다. 삼성반도체가 PC 시장 의존도를 줄이기 위해서는 제품의 차별화, 다양화와 함께 고객기반의 업그레이드가 시급히 필요한 상황이었고, 이는 메모리본부, 그중에서도 설계부문에서 주도해야 할 과제였다.

양— 다양한 응용에 최적화된 제품을 개발하고 주요 고객과의 파트너십을 확보하는 것은 메모리 사업이 일류로 도약하기 위해 꼭 필요한 부분이다. 그즈음 삼성반도체가 이 필요성을 절감했기 때문에 메모리본부를 출범시키고, 다양한 제품과 사업을 개척한 경험이 있는 사장님을 설계부문 책임자로 발탁한 것이 아닐까 싶다. 이후, 이 도전 과제에 어떻게 접근했는지 궁금하다.

임 — 그 무렵 D램 설계팀은 제품 다양화 추세에 대응하기 위해 신입 설계 엔지니어를 대폭 확충한 상태였다. 소자 공정 부문은 수년 전부터 3세대 동시개발체제를 갖추면서 기술인력을 충원했지만, 상대적으로 설계부문 인력충원은 미뤄진 상황이었다. 그 결과, 해마다 설계해야 할 제품 수는 급증하는 데 비해 적절한 경험을 가진 엔지니어 수는 크게 부족했다.

이 문제를 극복하기 위해 '설계 프로세스 혁신'을 추진했다. 이 혁신은 단위 회로를 표준화, 블록화하고 전체 설계과정을 체크리스트로 정형화함으로써 설계 기간을 단축하고 설계 에러를 줄이는 성과를 가져왔다. 특히, 경험이 부족한 엔지니어들의 조기 전력화에 큰 도움이 되었다.

1995년경 PC용 주력 D램은 Sync D램(SDRAM)이었는데, 이 표준으로는 PC의 빠른 고성능화 추세를 따라가기 어려웠다. 당시 PC용 CPU를 장악하고 있던 인텔이 PC 시장을 넘어 서버(Server) 시장으로 확장을 시작하면서 D램의 급격한 고속화를 요구했고, 이에 따라 DDR, 싱크링크(Synclink), 램버스(Rambus) 등 차세대 표준이 등장하고 있었다.

이 같은 차세대 표준을 주도하기 위해 새로운 설계기술 개발에 많은 베테랑 인력을 투입해야 했다. 또, 당시 급성장하던 그래픽, 게임 시장이 요구하는 고속 입출력 D램까지 겹치면서 개발해야 할 D램 품목이 빠르게 증가했다. 이러한 D램 설계 수요 대응에 당시 추진한 '설계 프로세스 혁신'이 큰 도움이 되었다.

이와 함께, 설계 엔지니어들이 제품의 특성뿐만 아니라 품질, 생산성까지로 시야를 확대하도록 했다. 'Design for Reliability' 'Design for Productivity' 'Design for Testability' 기술을 집중적으로 개발하여, '품질 향상' '생산성 향상' 그리고 '테스트 시간 단축'까지 설계 단계에서 반영하도록 했다. 서버나 스토리지 시스템 응용은 PC와 달리 하나의 시스템에 대량의 D램이 사용되고, 고도의 품질 수준을 요구했는데, 설계 단계부터 여러 가지 테스트 모드(test mode)를 적용함으로써 효과적으로 품질과 생산성을 높인 것이다. 이 기술들은 IBM, HP, EMC, 썬 등 대형 시스템 응용에서 삼성의 중요한 차별화 포인트가 되었다.

그런 한편으로, 상품기획팀을 신설하여 고객의 니즈를 미리 파악하고 필요한 제품을 적기에 개발하는 능력도 끌어올렸다. 이 팀

안에 응용기술 인력과 기술마케팅 인력을 크게 보완하여 고객 대응능력을 높여가기 시작했다. D램 시장의 다양화 추세에 선제 대응한 것이다. 당시 새롭게 등장한 소니의 플레이스테이션에 필요한 고속 입출력 D램을 개발해 디자인인(Design-in) 했던 사례에서 이 부분의 역량 성장이 드러난다. 일본 D램 기업들이 건재했던 시기였다.

양 — 이후 램버스 D램 개발을 추진해 사업 차별화를 시도했다. 램버스 D램 개발을 추진한 배경은 무엇인가?

임 — 1996년경 인텔의 임원이던 팻 겔싱어(Pat Gelsinger, 현 인텔 CEO)가 삼성을 방문해 PC용 D램의 후속 표준으로 램버스 D램을 추진하겠다는 의사를 밝혔다. "PC의 고성능화는 피할 수 없는 대세인데, 기존 Sync D램으로는 한계가 있으니 새로운 고성능 D램 표준이 필요하다. 인텔의 판단으로는 램버스 D램 기술이 가장 뛰어나니 삼성을 비롯한 몇몇 파트너들이 이 제품을 개발하여 인텔에 공급하는 체계를 만들고 싶다."라는 것이 요지였다.

　이 제안에는 몇 가지 우려되는 점이 있었다. 먼저, 인텔이 D램 표준을 주도하게 될 경우, D램 업계가 표준의 주도권을 인텔에 빼앗길 수 있다는 두려움이었다. 기술적인 어려움도 있었다. 당시

100MHz 수준이던 Sync D램에 비해 800MHz로 동작하는 램버스 D램의 개발, 특히 양산상의 어려움을 극복할 수 있을지에 관한 우려였다. 새로운 백엔드(Back End, Test & Package) 투자도 필요했다. 대다수 D램 기업들이 이 같은 걱정 때문에 참여를 망설였다.

그러나 1997년 초 메모리본부장으로 보임된 나는 램버스 D램의 적극적인 개발을 추진했다. 이 결정의 배경에는 1996년부터 시작된 D램 공급과잉과 가격폭락이 있었다. 램버스 D램이 가격폭락을 완화할 가능성이 크다는 판단이었다.

램버스 D램은 칩 사이즈가 기존 D램보다 20% 정도 크고, 고속화를 위해 공정의 스텝이 증가해 생산량이 감소할 수밖에 없었다. 결과적으로 비용이 대폭 증가하지만, PC의 고성능화를 이룰 수 있기 때문에 높은 가격 프리미엄을 기대할 수 있다. 기술의 난이도가 높아서 경쟁기업의 수가 줄어들 것이라는 기대도 있었다. 고속 캐시(Cache) S램에서 이미 앞서본 경험이 있었기에 고속화 기술에 자신감이 있었다. 실제로 수년 뒤, 램버스 D램 출시는 삼성과 NEC(엘피다) 등 소수 기업들만이 할 수 있었다.

비록 램버스 D램의 수명은 길지 않았으나, 이 램버스 D램 개발은 이후 삼성이 D램 고속화 경쟁에서 한발 앞서 나갈 수 있는 출발점이 되었다.

양 — 삼성은 1993년에 메모리 세계 시장점유율 1위에 올라섰다. 공격적으로 생산량을 확대하여 규모를 키운 결과였다. 메모리 기술에서 실질적으로 1위에 오른 때는 언제쯤으로 봐야 하는가?

임 — 복합적인 질적 우위를 한마디로 정의하기는 어렵다. 차세대 D램의 시제품 확보 시기를 보면, 1992년에 64M D램에서 선진기업을 따라잡았고, 1994년 256M D램부터는 앞서 나가기 시작했다.

기술의 질적 우위를 보여주는 또 하나의 좋은 지표는 국제 반도체 학회의 논문발표가 아닐까 싶다. 업계 최고 전문가들이 인정하는 첨단기술이 아니면 발표가 불가능하기 때문이다. 반도체 소자 및 공정기술은 IEDM, 칩 설계기술은 ISSCC의 권위가 가장 높다. 따라서 이들 학회의 논문발표 상황을 보면, 기업이나 국가의 반도체 기술 수준을 어느 정도 파악할 수 있다.

삼성반도체가 선진기업의 기술을 추격하던 1990년대 초반까지만 해도 이들 학회에 논문을 발표하지 못했다. 당시 이들 학회의 메모리 관련 세션 대부분은 일본 기업들이 채우고 있었다. 그러다가 1993년부터 IEDM 학회에서 삼성의 논문이 발표되기 시작했다.

첨단 반도체 칩 설계의 올림픽으로 불리는 ISSCC에는 1995년에 첫 발표가 이루어졌다. 32M 낸드플래시 설계기술 논문이었다. 당시 발표된 혁신적인 기술이 이후 낸드플래시 설계의 표준이 되었

ISSCC 논문집에 수록된 삼성반도체 32M 낸드 논문

TA 7.5: A 3.3V 32Mb NAND Flash Memory with Incremental Step Pulse Programming Scheme.128

Kang-Deog Suh, Byung-Hoon Suh, Young-Ho Lim, Jin-Ki Kim,
Young-Joon Choi, Yong-Nam Koh, Sung-Soo Lee, Suk-Chon Kwon,
Byung-Soon Choi, Jin-Sun Yum, Jung-Hyuk Choi, Jang-Rae Kim,
Hyung-Kyu Lim

1995년 ISSCC 논문집 표지와 삼성반도체 32M 낸드플래시가 수록되어 있는 목차

<그림 3>

다. D램은 1996년에 1G DDR D램을 발표하여 이 관문을 뚫었다. 차세대 설계팀을 만들어 DDR D램 설계기술을 연구한 결과였다. 이 논문발표 이후 삼성의 차세대 표준 주도력이 크게 올라갔다. 이를 종합적으로 보면, 삼성이 일본 기업을 실질적으로 추월한 것은 1993년에서 1996년 사이, 대략 1995년경일 것으로 생각한다.

D램 대공황 극복을 리드하다

양 — 1996년 초부터 시작된 D램 가격폭락으로 삼성전자의 경영이 급격하게 악화되었고, 이 위기를 돌파하기 위한 삼성전자의 전사 CEO 교체가 있었다. IMF 경제위기가 발생하기 1년여 전이었다. 삼성그룹은 이같은 메모리반도체 사업 위기를 어떻게 극복하려 했나?

임 — 삼성은 시스템반도체 분야에서 사업을 강화하는 방식으로 반도체 사업을 확장하고 안정시키려 했다. 메모리반도체 사업의 성공 경험을 시스템반도체 사업으로 확장하는 것은 이건희 회장이 오랫동안 품어온 희망이었다. 이를 위해 1997년 초 진대제 메모리본부장을 사장으로 승진시켜 시스템반도체 사업을 총괄하게 했다. 이와 함께 메모리 부문에서 활동하던 권오현 박사 등 다수의 핵심 임원들이 시스템LSI 사업부로 이동했다.

양 ─ 이 시스템반도체 이야기는 D램 대공황기 이야기를 나눈 뒤에 좀 더 상세히 다루기로 하자. 이윤우 반도체 총괄은 그 이후 메모리 사업 부문을 어떻게 정비하였나?

임 ─ 내가 후임 메모리본부장으로 보임되었고, 그 산하에 초기부터 각 메모리 기술 분야를 이끌던 기술책임자들 다수가 승진해 포진되었다. 이 메모리본부는 1년 후인 1998년 초에 품질부문과 백엔드 생산을 담당하는 온양공장까지 통합되어 '메모리개발사업부'로 확대 개편된다. 이 메모리개발사업부 출범과 함께 반도체연구소(연구소장 황창규)와 기흥공장(공장장 김재욱)의 리더십 교체도 있었다.

양 ─ 사장님이 메모리본부장으로 취임한 1997년 초는 D램 가격폭락으로 관련 산업이 대공황에 빠진 지 1년 남짓 지난 시점이었다. 이 공황이 발생한 원인은 무엇이었나?

임 ─ 앞서 언급했듯이 인터넷의 급속한 확산과 함께 1994~1995년에 PC 시장이 폭발적으로 성장하자, D램 수요가 급증하면서 D램 산업이 초호황을 이뤘다. 당시 일본 5개사, 한국 3개사 등 전 세계 12개 D램 기업들이 이 성장산업의 주도권을 차지하기 위해 경쟁적으로 공장을 건설했다. 이 공장들이 가동을 시작한 1996년 초부터 D램 생산량이 늘면서 가격이 폭락하기 시작했다. 과잉경쟁이 부른 가격폭락이었고, 결과적으로 D램 업계에 커다란 재편이 일어났다.

양 — 당시 삼성은 이 대공황을 극복하기 위해 어떻게 움직였나?

임 — 기술 리더십, 원가경쟁력, 탄탄한 고객기반은 메모리 사업경쟁력의 원천이다. 모든 D램 기업들이 이 경쟁력을 강화하기 위해 노력했지만, 실행력에 따라 결과가 엇갈렸다. 메모리본부장 취임 이후, 실행의 속도와 질을 높이기 위해 큰 노력을 기울였다. 원가경쟁력을 올리기 위해 D램 제품을 해마다 슈링크 개발했는데, 매번 슈링크 개발을 할 때마다 제품설계, 양산공정 개발, 수율 향상, 제품 양산 전개, 고객승인의 과정이 필요했다.

　메모리본부장 취임 첫해에 D26(260나노 슈링크) 공정으로 20여 종의 D램 제품을 개발한 뒤, 몇 개 D램 라인에서 전개하여 이 제품들의 고객 품질 승인을 얻었다. 이후 이 같은 일련의 과정을 D21, D17 등으로 해마다 반복했는데, 그 속도가 경영성과의 핵심이었다. 모든 D램 기업들이 슈링크를 통한 원가 절감에 올인하던 시기였다.

삼성반도체는 당시 이 경쟁에서 앞서 나갔고, 그 결과 당시 웨이퍼당 비트 생산량이 해마다 40~50%씩 증가했다. 당시는 슈링크와 주력제품 고용량화를 통해 비트당 제조원가를 해마다 크게 떨어뜨리는 속도전의 시대였다.

양 — 원가경쟁력에서 앞서 나갈 수 있었던 건, 그만큼 차세대 공정이 준비되어 있어서 이를 활용한 슈링크 개발, 제조기술 개발에서 앞설 수 있었기 때문이라고 볼 수 있다. D램 대공황 당시, 원가경쟁력이 약한 기업들의 이익률이 낮을 수는 있겠지만, 그렇다고 해서 사업에서 완전히 철수할 정도까지 이르지는 않을 수 있었을 것 같은데, 이들 기업의 상황이 극도로 나빠진 이유는 무엇인가?

임 — 당시 D램 제품별로 가격하락 폭이 크게 엇갈렸는데, 이에 얼마나 대응할 준비가 되어있느냐가 결정적인 차이를 만들었다. 가격하락의 폭이 가장 컸던 PC 시장의 의존도를 얼마나 줄일 수 있느냐가 관건이었다. 당시 모든 D램 제품의 가격이 폭락하긴 했지만, PC용 D램 가격하락이 유독 극심했고, PC용 제품을 제외한 나머지 D램들은 가격하락 폭이 비교적 작았다. 많은 경쟁사가 D램 전체 수요의 약 80%를 차지하던 PC용 표준 D램의 슈링크에 집중하고 있었기 때문에, 해당 영역의 경쟁이 특히 심했다. 당시 PC용 D램 가격은 고점 대비 1/10로 폭락한 데 비해, 서버·그래픽·게임용 D램은 1/3~1/4 정도 떨어졌다.

앞서 언급한 대로 삼성은 해마다 20여 종의 다양한 제품을 개발하여 PC 이외의 응용을 꾸준히 개발했고, IBM·HP·썬 등 메이저 고객들과의 파트너십을 강화해 왔기 때문에 이 예기치 못한 사태에 대한 준비가 가장 잘 되어 있었다. 대부분의 경쟁사는 PC 응용이 필요로 하는 다섯 가지 내외의 제품을 슈링크 개발하고 있었다.

양 — 칩 슈링크에서 앞서나갔던 점, 생산품목 선택의 폭이 넓었던 점이 삼성반도체가 경쟁사들보다 사업성과에서 크게 앞설 수 있었던 요인이었던 것 같다. D램 대공황 당시 생존의 기로에 선 D램 기업들이 속출했던 것으로 알고 있다. 산업계의 대규모 재편은 어떻게 진행되었나?

임 — 폭락 전 D램의 제조원가는 판매가격의 50% 수준이었고, 그 제조원가의 30% 정도가 재료비 등 변동성 경비였다. 칩 슈링크 경쟁과 제품 다양화, 이 두 가지 생존 경쟁에서 뒤처진 기업들은 제품의 판매로 변동성 경비를 충당하지 못하는 상황이 되었고, 추가 손실을 막기 위해 공장을 멈춰 세웠다. 공장이 멈추면 적자가 누적되고 생산시설이 노후화되며 고객기반도 잃게 된다. 이런 상황이 1998년까지 3년간 계속 이어지자 파산에 이르는 기업들이 속출했다. 파산까지 가지 않은 경우에도 사업을 계속하지 못할 정도로 큰 손실을 입었다. 그 결과, 이후 수년에 걸쳐 D램 업계의 재편이 일어났다.

대공황 이전까지 D램 산업을 주도하던 일본 기업들의 적자 규모가 매우 컸고, 그 결과 일본의 5대 반도체 기업들이 하나둘 D램 공장의 가동을 멈추었다. 결국, 일본의 D램 기업들은 이후 수년에 걸쳐 NEC가 중심이 되는 엘피다메모리로 통합되거나 D램 사업에서 철수하는 결과로 마무리되었다. 한국에서도 현대전자와 LG반도체가 하이닉스반도체로 통합되었다. 그밖에 독일의 인피니언, 미국의 마이크론이 살아남았다. 그야말로 D램 업계의 대 재편이 일어난 것이다.

양 — 삼성도 이 대공황에서 손실이 크지 않았나?

임 — 유일하게 삼성만 이 대공황을 별다른 손실 없이 극복했다. 대공황이 이어진 1996~1998년, 삼성의 메모리 사업은 미미하긴 했지만 흑자를 기록했다. 그 결과, 천문학적인 적자를 내고 도산 위기에 몰린 경쟁기업들과 커다란 격차가 만들어졌다. 원가경쟁력에서 앞서 있었고, 그 위에 다양한 제품과 탄탄한 고객기반을 갖추고 있었기 때문에 가격하락이 덜한 제품을 생산하면서도 생산 라인을 완전가동할 수 있었다. 고객관계를 고려해 가격이 폭락한 PC용 D램도 생산했지만, 그 비중을 20% 이하로 유지할 수 있었다.

특히 그 시기에 빠르게 성장하던 썬 마이크로시스템스의 서버용 D램을 공급한 것이 큰 도움이 되었다. 썬의 차세대 CPU 개발이 늦어지면서 기존의 EDO D램[13]을 쓸 수밖에 없었는데, 그 제품은 당시 주력이던 Sync D램 이전의 레거시 제품이었다. 썬에서만 사용했기 때문에 다른 기업들은 슈링크를 하지 않았지만, 삼성은 이 제품을 계속 슈링크해서 높은 이익률을 유지할 수 있었다. 해마다 슈링크 개발하는 20여 품종 중 하나였다. 이밖에 S램, 마스크롬, 낸드 플래시 등 Non-D램 메모리 사업이 D램 대공황기에도 흑자를 내고 있었는데, 이 흑자가 큰 도움이 되었다.

양 — 일본 반도체 기업은 1990년대 중반까지 메모리 시장에서 건재했으나 앞서 이야기한 바와 같이 메모리 대공황을 거치면서 급격히 쇠퇴했다. 그 원인으로 인재부족이 많이 이야기된다. 오너가 없는 일본 대기업들의 의사결정 시스템이 취약점으로 작용했다는 견해도 있다. 더불어 당시 미·일 반도체 갈등으로 인한 미국의 반덤핑 제소, 뒤이은 플라자 합의 이후 일본 기업들이 만성적인 엔고에 시달린 점도 큰 요인으로 작용했다는 견해가 공감을 얻고 있다. 직접 경쟁에 참여했던 사람으로서

---

13. EDO D램은 기존 비동기식 D램에서 데이터 출력 간격을 보다 확장한 방식을 사용해 처리 속도를 높인 램을 말한다. 한동안 동기식(Synchronous) D램과 시장에서 공존했다.

느낀 점을 듣고 싶다.

임 — 당시 일본은 자동차, 소재 등 많은 산업 분야에서 글로벌 리더십을 가지고 있었다. 따라서 이공계 인재들이 여러 산업으로 분산되어 반도체 분야 인재가 충분히 공급되지 못했다. 공급된 인재들도 다시 5개 대기업으로 분산되었기 때문에 어느 기업도 충분한 인적자원을 보유하지 못했다. 1990년대 후반, 일본 기업들과 기술교류를 하면서 삼성의 인적자원이 질과 양에서 일본 기업들을 큰 차이로 뛰어넘었다고 느꼈다. 차세대 기술개발과 생산성에서도 차이가 있었지만, 특히 고객과의 접점인 제품개발과 사업화 역량에서 격차가 크다고 느꼈다. 앞서 이야기한 대로 대공황 시기의 제품 다양화, 차별화가 크게 작용했고, 이로 인해 일본 메모리 기업들의 쇠퇴가 크게 앞당겨졌다고 생각한다.

더 근원적인 이유는 한국이 신흥공업국으로 탈바꿈하는 시기에 반도체 산업이 탄생하고 성장했다는 점이다. 지켜야 할 기존 산업이 없는 신흥공업국에서는 신산업 분야에서 우수 엔지니어의 확보가 상대적으로 쉽고, 그들은 더 헝그리하기 때문이다. 그리고 한국이 비교적 이른 시기에 메모리반도체 산업에 뛰어들었기에 10여 년 먼저 시작한 일본 기업들이 기술을 축적하고 이 산업을 방어할 기간이 절대적으로 짧았다. 그런 데다 고객인 미국 기업들이 공급자 선택의 폭을 넓히기를 원했다. 1980년대 미국의 일본 기업 반덤핑 제소가 진입 초기에 휘청이던 한국 기업들이 다시 힘을 얻는 데 크게 도움이 되었다. 그 후에도 미국의 대형 IT 기업들은 그들의 요구를 투명하게 공개하여 한국 기업들에게 '잘 만들기만 하면 이길 수 있는' 환경을 조성해주었다.

양 — 대공황이 삼성의 메모리 사업체질 강화에 큰 전기가 되었다고 전해진다. 특히 메이저 OEM 고객들의 중요성이 크게 부각되었고, 이들과의 전략적 파트너십이 강화된 것으로 알고 있는데, 구체적으로 어떤 방향으로 추진되었나?

임 — 당시 삼성의 큰 고객이었던 IBM이 제시한 'TQRDC'라는 평가 기준이 고객 관점의 경쟁력을 높이는 좋은 방향을 제시해 주었다. 차세대 제품을 앞서 개발하는 능력(Technology), 성능과 품질에서 우위를 확보할 수 있는 능력(Quality), 고객과의 소통능력(Responsiveness), 원하는 수량을 제때 공급할 수 있는 능력(Delivery), 원가경쟁력(Cost), 이 다섯 가지가 최고의 공급자가 되는 데 필요한 역량이었다. 항목 하나하나가 각 부서의 근원적 체질 변화를 요구하는 쉽지 않은 과제였지만, 당시의 어려운 시장 상황이 이 같은 체질 변화를 가속해주었다.

차세대 제품개발 능력(Technology) 분야는 1995년에 64M D램 제품 양산을 시작한 이후 2, 3, 4세대 공정으로 슈링크 경쟁에서 앞서

나갔고, 1999년에는 세계 최초로 256M D램을 출하했다. 뿐만 아니라 램버스, DDR 등 D램 고속화 경쟁에서도 앞서 나갔기 때문에 항상 선두에 있었다. 기흥공장은 코스트 경쟁력과 함께 고객이 요구하는 제품을 적기에 공급하는 중심역할을 수행하였는데, 공기(TAT, Turn Around Time) 단축에서 큰 진전을 이루었다. 생산성과 적기공급이라는 두 마리 토끼를 다 잡는 큰 체질 변화를 이루었다.

메모리 개발사업부는 앞서 언급한 대로 'TQRDC' 모든 항목의 실현에 중요한 역할을 하는 메모리 사업의 중심조직이었는데, 특히 메이저 OEM들이 요구하는 품질 수준을 충족시키기 위해 노력했다. 정밀하지 않거나 완벽하지 않은 기술과 프로세스는 반드시 크고 작은 품질문제를 일으켜 더 큰 손실을 가져왔기 때문에 품질을 중심에 둔 수많은 프로세스 혁신이 추진되었다. 품질문제로 인해 괴롭고 힘든 경우도 많았었는데, 이 시기에 품질 차별화에서 큰 진전을 이루었다.

나는 이 품질 문제를 다루면서 '메모리 사업의 경쟁력을 확립하기 위해서는 기술 기둥과 기술 줄기를 단단히 구축해야 한다'라는 생각이 강해졌다. 수백 가지에 이르는 기술 줄기 중에서 취약한 기술 줄기는 반드시 경쟁력을 훼손하는 문제를 일으켰기 때문이다.

이 D램 대공황기는 인텔의 CEO였던 앤디 그로브(Andy Grove)가 말한 "편집광만이 살아남는다(Only the Paranoid Survive)"라는 말의 의미를 절감할 수 있던 시기였다. 빠르게 변화에 대응하면서도 철저하고 꼼꼼하게 일을 실행해야 했다.

결과적으로 삼성이 경쟁자들과 큰 차별화를 이룬 시기였지만, 실행 현장의 책임자로서는 두 번 다시 거치고 싶지 않은 힘든 시기였다.

양 ― 그 무렵 D램 기술 유출 사건이 발생하여 회사가 발칵 뒤집힌 적이 있었다. 사건이 기사화되어 문제가 공론화되기도 했었는데, 그때 어떤 일이 있었고 어떤 결과로 연결되었나?

임 ― 1998년경, D램 대공황이 막바지로 접어들던 힘든 시기에 발생한 심각한 사건이었다. 메모리 개발사업부에 소속된 15명 내외의 연구원들이 대만 기업으로 이직하는 과정에서 삼성의 메모리 기술유출을 시도한 사건이었다. 제보를 받은 국가정보기관에서 유출 사실을 적발해 사건이 공론화되었다.

사건에 연루된 기술인력들이 차례로 퇴사했지만, 개발 조직의 수장이었던 나는 기술유출 시도와 관련한 문제를 인지하지 못했던 상황이었다. 추석을 맞아 대만에서 귀국하던 관련 연구원들이 공항에서 체포되어 기술유출 시도의 전모가 밝혀졌고, 그중 몇몇은 재판에 넘겨져 옥고까지 치렀다. 그 사건으로 관련 임원들이 큰 질책과 징계를 받았던 기억이 난다.

이건희 회장은 이 사건을 매우 심각하게 생각했다. 이 사건을 계기로 기술인력의 처우와 근무환경을 대폭 개선할 것을 지시하였다. 세계 최고 수준에 이른 기술인력들인 만큼 해외 경쟁업계의 주요한 스카우트 대상이라는 점을 모두가 확실히 인식하게 된 사건이었다. 이 사건 이후 삼성은 기술인력 처우와 보상제도를 꾸준히 강화해 글로벌 경쟁기업으로의 인력유출을 최소화하기 위해 노력을 기울였다.

양 — 1999년부터 메모리 시황이 개선되면서 사업이 안정되기 시작했고, 삼성의 위상이 확고해졌다. 당시 회사 차원에서 어떤 고민과 희망이 있었나?

임 — 메모리 도전 초기부터 각 기술 분야를 실무적으로 이끌었던 전문가들이 성장하여 책임 임원으로 포진하고 있었기 때문에 자신감이 충만했다. 이 시기의 가장 큰 걱정거리는 경쟁환경보다는 D램 시장의 정체였다.

PC용 D램 시장은 성장이 느려졌고, 그 부분을 보완할 만한 새로운 시장은 보이지 않았다. 디지털 휴대폰, PDA, 클라우드 등의 새로운 응용이 등장했지만, 시장의 성장을 주도할 만한 규모는 아니었다. 스마트폰이 등장하기 8년 전이었다. 램버스 D램이 본격적으로 성장하면 '경쟁사도 제한적이고 고성능 프리미엄이 가능할 것'이라는 희망 섞인 기대를 하고 있었다. 낸드플래시 메모리의 본격적인 성장도 기대되고 있었다. 디지털카메라뿐만 아니라 휴대폰, PDA 등의 모바일 기기에서 사용되기 시작했기 때문이다.

양 — 플래시 메모리에 대한 애정이 남달랐던 모습을 볼 수 있었다. 메모리 개발을 총괄하는 시기에도 플래시 메모리의 개발과 사업화를 틈틈이 챙겼던 것으로 기억한다. 이 낸드플래시가 경쟁기술을 따돌리고 승자가 될 수 있다고 확신한 계기는 무엇이었나?

임 — 낸드플래시 사업의 성장은 이 어려웠던 시기에 내겐 큰 희망이었다. 시작 당시에는 그룹의 관심을 끌지 못하는 사업이었지만, 해마다 두 배씩 성장을 거듭해 1999년에는 2억 달러에 가까운 매출이 기대되고 있었다. 향후 성장의 끝을 알 수 없는 광활한 시장을 가지고 있다는 것도 느낄 수 있었다.

반도체 스토리지 시장은 1990년대 중반부터 메모리 기업들의 미래사업으로 인식되었고, 각 사의 플래시 기술 각축이 반도체 업계의 관심사였다. 삼성과 도시바가 주도하는 낸드, 인텔의 노어, 그리고 히타치의 앤드, 미쓰비시의 다이노어, 샌디스크의 트리플 폴리 등이 미래시장을 두고 경쟁하고 있었다. 우리는 1985년부터 EEPROM 사업을 통해 비휘발성 메모리 기술을 축적하고 있었기 때문에 쉽게 각 기술의 경쟁력을 평가할 수 있었고, 낸드플래시의 상대적인 우위를 확신할 수 있었다.

1998년, 내가 ISSCC의 패널 주관자(Panel Moderator)로 '낸드 대 노어, 누가 승리할 것인가(NAND vs NOR Who will win?)'라는 제목의 패널토론을 주관한 적이 있었다. 패널토론은 참석자들의 투표로 마무리되었는데, 미래 반도체 스토리지 시장에서 낸드가 노어를 이길 것이라는 참석자들이 압도적으로 많았다. 참으로 흐뭇했던 기억이다. 이 시기에 이미 승패가 드러났다고 볼 수 있다. 모바일 스토리지 시장을 타깃으로 하는 직경 1인치 이하의 소형 HDD와의 경쟁도 있었다. 그러나 충분히 검토한 결과, 우리는 낸드의 기술적 우위를 확신할 수 있었다.

양— 1999년이면 삼성의 메모리 굴기가 완성된 시점으로 볼 수 있다. D램, Non-D램 모두 큰 차이로 시장점유율 1위였고, 플래시 메모리는 초기부터 주도한 낸드가 대세기술로 굳어진 상황이었다. 1983년 VLSI 메모리 사업진출을 선언한 이후 약 17년이 지난 시점이었다. 이 시기에 삼성은 핵심 첨단 메모리 반도체에 필요한 수백 가지 기술 줄기에서 세계 최강의 기술진을 보유하게 되었고, 이들은 위기의식, 열정, 자신감으로 무장되어 있었다. 삼성이 이와 같은 성공을 이룬 요인은 무엇이라고 생각하는가?

임 ─ 1980~90년대는 메모리 시장의 지속적인 성장과 함께 우호적인 국제환경과 정부의 적극적 지원이 있었다는 점에서 성공의 기반이 조성되어 있었다고 볼 수 있다. 이 기반이 성공의 필요조건이었고, 그 위에 삼성의 탁월한 경영이라는 충분조건이 더해져 성공을 거둘 수 있었다고 생각한다.

삼성의 탁월한 경영 중 가장 먼저 손꼽고 싶은 것은 이병철 회장이 시작해 이건희 회장이 계승한 공격적 선제 투자전략이다. 대구경 라인을 선제적으로 건설해 캐파를 키우고 기술투자를 확충했기에 메모리반도체 사업진출 10년 만에 시장점유율 1위를 달성할 수 있었다. 이 규모의 경제가 더 많은 기술인력을 보유할 수 있게 했고, 이를 발판으로 질적으로도 선진기업을 추월할 수 있었다. 뒤처지면 사라진다는 위기의식을 바탕으로 회장이 과감하게 첨단라인 투자를 결행하면, 구성원들은 더 큰 위기감을 가지고 라인 가동을 위해 노력할 수밖에 없었다. '위기의식'이 17년을 관통한 키워드였다.

두 번째는 이건희 회장의 철저한 전문경영인 권한 위임이다. 이건희 회장은 공격적 투자, 위기의식, 철저한 기술중시라는 명확한

방침을 제시한 뒤 구체적 경영은 과감히 위임했다. 그 결과, 반도체 조직 내에 현업 중심의 자율경영이 자리 잡게 되었고, 의사결정 속도가 빨라졌다. 반도체 특유의 바텀 업(bottom-up) 조직 문화[14], 현장의 문제해결 능력을 중시하는 기업 문화가 자리 잡게 되었다. 열심히 일하면 모두가 알아준다는 믿음이 굳건히 자리 잡았고, 이런 믿음은 구성원들이 사심 없이 맡은 일에 매진하게 했다.

세 번째는 장기적 안목으로 인적자원의 질적 향상에 투자한 점이다. 반도체 사업 초기부터 적극적으로 인재를 확보했고, 해외연수제도·사내대학 등 크고 작은 교육 프로그램을 진행했다. 그리고 구성원의 창의적인 시도를 권장하여 많은 실패와 함께 성공도 경험할 수 있게 했다. 낸드플래시의 탄생이 그 좋은 사례다.

양 ― 삼성반도체가 논문발표, 특허출원을 장려했던 정책이 기술자들의 수준을 크게 끌어 올린 것으로 평가받고 있다.

임 ― 중요한 포인트다. 선진기업들에 거액의 특허료를 지급해야 하는 상황을 타개하기 위해 유효특허 확보에 큰 노력을 기울일 수밖에 없는

---

14. 직급이나 연차와 관계없이 실제 현장의 실험 데이터와 기술적 이해도를 근거로 의견을 수용하는 조직 문화.

상황이었다. 사업 초기부터 특허출원이 강조되었고, 의미 있는 국제특허는 1990년대 중반 이후부터 나오기 시작했다. 그 노력이 계속되어 삼성전자는 이후 세계에서 가장 많은 국제특허를 보유한 기업으로 자리 잡았다. 또, 해마다 사내 논문발표회를 개최하고 우수 논문 저자들에게 능력평가에 가점을 부여하기도 했다. 축적된 기술을 공유하는 것이 주된 목표였지만, 연구원들의 논리적 사고와 표현능력 향상을 위한 것이기도 했다. 이 중 우수한 논문은 특허출원 후 해외 학술대회 발표를 권장했는데, 기술 수준이 정상급에 오른 1990년대 후반부터 ISSCC, IEDM 등 정상급 반도체 학술대회의 벽을 넘는 논문들이 많아졌다. 이 노력이 계속되어 2000년대 이후로는 한국이 미국에 이어 세계에서 두 번째로 많은 수의 정상급 논문을 발표하는 반도체 기술 강국으로 발전했다.

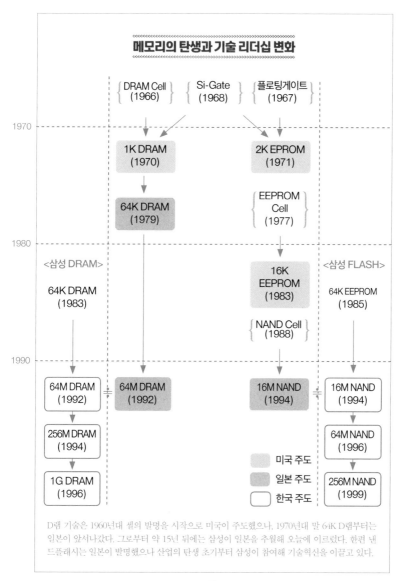

메모리의 탄생과 기술 리더십 변화

{ DRAM Cell (1966) } { Si-Gate (1968) } { 플로팅게이트 (1967) }

1970

1K DRAM (1970)

2K EPROM (1971)

64K DRAM (1979)

{ EEPROM Cell (1977) }

1980

<삼성 DRAM>

64K DRAM (1983)

16K EEPROM (1983)

<삼성 FLASH>

64K EEPROM (1985)

{ NAND Cell (1988) }

1990

64M DRAM (1992)   64M DRAM (1992)

16M NAND (1994)

16M NAND (1994)

256M DRAM (1994)

64M NAND (1996)

1G DRAM (1996)

256M NAND (1999)

미국 주도
일본 주도
한국 주도

D램 기술은 1960년대 셀의 발명을 시작으로 미국이 주도했으나, 1970년대 말 64K D램부터는 일본이 앞서나갔다. 그로부터 약 15년 뒤에는 삼성이 일본을 추월해 오늘에 이르렀다. 한편 낸드플래시는 일본이 발명했으나 산업의 탄생 초기부터 삼성이 참여해 기술혁신을 이끌고 있다.

<그림 4>

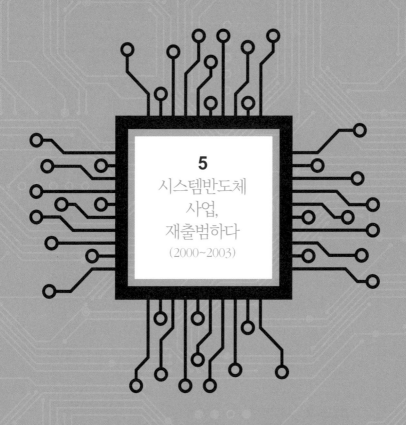

5
시스템반도체
사업,
재출범하다
(2000~2003)

5

2000년, 임형규는 메모리반도체 사업을 떠나 시스템LSI 사업부
장(사장)으로 부임했다. 부천 시절부터 시작된 삼성의 시스템
반도체 사업은 1990년대에 접어들어 시작된 전자산업의 디지
털 전환으로 다수 기존 제품의 시장이 사라지는 위기를 맞았다.
1997년, 삼성반도체는 이 위기를 타개하기 위해 첨단 시스템반
도체 사업에 도전하였다. 그러나 애초부터 쉽지 않았던 이 도전
은 큰 어려움에 직면해 있었다.

임형규는 새로운 방향설정을 위해 1년여 고심한 끝에 2001년
사업 방향을 재정립하고 본격적인 추진을 시작하였다. 그 결과
현재 삼성반도체의 주력사업으로 성장한 파운드리, 이미지 센
서, SoC 사업 조직이 출범하였고, 로직 전용 생산라인 건설이
추진되었다. 이 장에서는 당시 그가 주도했던 시스템반도체 재
출범 과정을 이야기하고, 그가 반도체를 떠나서 했던 일들도 간
단히 소개한다.

| 삼성 반도체 입문 | 메모리 창업기 | 선두권 진입기 | 싱글톱 도약기 | 시스템반도체 재출범 |

시스템LSI 사업부장

양 ─ 2000년 초, 메모리반도체 사업을 떠나 시스템반도체 사업을 총
괄하시게 되었다. 당시 삼성전자는 엔지니어 출신 신임 사장 발탁 인사
를 대거 단행한 것으로 알고 있다. 당시 삼성전자의 상황과 인사 배경에
관해 듣고 싶다.

임 ─ 엄혹했던 IMF 위기로부터 한국 경제가 점차 회복되고 있었고, 삼
성전자의 사업도 이전보다 한 단계 도약한 상황이었다. 메모리 사업에
서 세계 1위의 위상이 굳어졌고, LCD 디스플레이 분야도 선두권에 있
었다. 완성품 부문에서는 애니콜 휴대폰이 급성장하여 안정적인 이익을
창출하기 시작했으며, 디지털 평판 TV도 세계 시장에서 약진하고 있었
었다. 어렵고 힘들었던 1990년대, 이건희 회장의 신경영 기치 아래 기술

개발 투자를 늘리고 디지털 전환에 선제적으로 대응한 효과가 나타나기 시작했다.

당시 인사는 이건희 회장이 강조한 신경영의 핵심인 '기술중시'가 드러난 대표적 사례였다. 삼성의 기술 도약을 이끈 주역들이 대거 사장단으로 발탁되었는데, 통신 부문의 이기태, LCD의 이상완, 시스템반도체의 임형규, 메모리의 황창규까지 네 사람이 엔지니어 출신이었고, 최도석 CFO가 함께 임명되었다. 모두 대표이사 부사장이 되어 사업부장직을 맡게 되었다. 당시 GBM(Global Business Manager)이라는 사업부 중심체제가 도입되었는데, 각 사업부가 하나의 독립기업에 필요한 기능 대부분을 가지고 책임 경영하는 방식이었다. 제품은 물론 고객도 경쟁 상대도 제각각인 삼성전자의 사업들이 발 빠르게 각개 약진하도록 독립성을 부여하고 성과에 따라 승진과 보상을 시행하는 체제였다.

양— 이 인사가 단행된 이후, 세계 1위였던 메모리 사업을 떠나 당시 세계 15위권이던 시스템반도체 사업으로 자리를 옮기게 되었는데, 실망감이 들지는 않았나?

임— 나는 이 새로운 보직이 좋았다. 메모리 사업 세계 1위를 수성하는 일보다는 존재감이 미약한 사업을 개척하는 일이 내겐 훨씬 더 도전 의

지를 불태울 수 있는 일이었다. 메모리 분야에서는 할 만큼 했다는 생각이었고, 그 성공으로 자신감이 넘치던 시절이었다.

이 새로운 역할은 '반도체의 성공을 통해 나라의 미래 개척에 기여하고 싶다'라는 나의 꿈을 실현하기에 더없이 좋은 기회이기도 했다. 하나의 기업에 필요한 거의 모든 기능이 들어와 있는 사업부의 CEO가 되었다는 점, 따라서 그 전에는 경영해보지 않았던 제조와 영업 그리고 기획, 인사, 재무 등 지원부문까지 총괄하는 역할이라는 점이 무척 새롭고 흥미로웠다.

양 — 2000년은 삼성이 부천에서 시스템반도체를 개발하기 시작한 지 20여 년이 지난 시점이었다. 삼성의 시스템반도체 사업은 그때까지 어떤 과정을 거쳐왔나?

임 — 부천사업장은 삼성이 한국반도체를 인수한 이후 삼성전자가 필요로 하는 시스템반도체의 내재화 미션을 꾸준히 수행했다. 그리고 그 역량을 기반으로 사업을 성장시켜나갔다.

그 결과 한국은 물론 대만, 홍콩, 중국 등지 컨슈머 전자기업들의 중요한 반도체 공급기업의 지위를 확보하고 있었다. 그러나 TV, AV, 통신제품용 아날로그 반도체와 디스크리트, 마이콤 등 범용 반도체로의 성장은 한계가 명확했다. 1980년대 이후부터는 PC

가 전자산업의 성장을 이끌었는데, 이 성장의 혜택을 받지 못했다. 그러던 중 1990년대 중반에 통신, 방송의 디지털 전환을 맞았다. 삼성반도체도 이 근원적인 기술변혁을 피해갈 수 없었다.

삼성뿐만이 아니었다. 이 디지털 대전환은 글로벌 전자, 반도체 기업 지형에도 큰 변화를 가져왔다. 1990년대 중반까지 통신과 컨슈머 전자산업을 주도하던 유럽과 일본의 전자, 통신기업들과 이들의 파트너 역할을 하던 반도체 기업들이 급격히 쇠퇴했다. 반면 프로세서와 소프트웨어에 강점을 가진 미국 기업들이 대거 부상했다. 엔비디아, 퀄컴, 브로드컴 등이 대표적이다. 삼성의 완성품 사업부들은 이 미국 기업들과 파트너십을 형성하고 발 빠르게 대응하여 디지털 시대의 발전과 함께 약진할 수 있었다. 그러나 기술개발을 위해 큰 투자와 긴 시간이 필요한 시스템반도체 사업은 발 빠른 대응이나 변신이 어려웠다.

앞서 언급한 대로 1997년 초, 삼성그룹은 이 같은 상황을 타개하기 위해 첨단 시스템반도체 사업 도전을 결정했다. 그러나 경쟁환경이나 기술, 인재확보 측면에서 볼 때, 짧은 기간 안에 성과를 내기란 현실적으로 지극히 어려운 상황이었다. 시스템반도체 분야는 시장이 크지만 영역이 다양하고, 고유 기술을 가진 강자들이 각각의 영역마다 버티고 있어서 도전이 쉽지 않다. CPU의 인텔, 통신용 칩의 퀄컴, 파운드리의 TSMC 등은 그 당시에도 따라가기 힘든 강자였다. 1997년 삼성의 첨단 시스템반도체 도전은, 당시로는 무리였고 실행과정에서 시행착오도 많았다. 그러나 삼성의 미래 성장 엔진의 기초를 마련했다는 점에서 볼 때, 이건희 회장의 안목 과 결단성이 돋보이는 사례라 할 수 있다.

양 — 2000년 부임 당시 시스템LSI 사업부는 어떤 상황이었나?

임 — 내가 부임했던 2000년 초, 사업부는 IMF 시절을 거치면서 디스 크리트 사업과 이 제품군의 제조를 담당하던 부천 사업장을 미국의 페 어차일드에 매각한 상태였다. 나머지 시스템반도체는 메모리에서 사용 하던 기흥공장의 레거시 라인들을 활용해 매출 1조 원 수준을 달성하 고 있었다. 다행히 2000년 초부터 시황이 조금 나아지면서 시스템반도 체 사업도 적자를 벗어나 한숨을 돌리고 있었다.

양 — 1997년 출범한 첨단 시스템반도체 사업도전 상황은 어떠했나?

임 — 1997년 초에 첨단 시스템반도체 사업을 개척하겠다는 새로운 각 오로 출범한 '시스템LSI 사업부'는 반도체 칩 내재화가 아닌 '세계 일류 사업창출'이라는 목표 아래 새로운 비전과 전략을 수립했다. 그 결과 디 지털, VLSI 사업 영역의 새 프로젝트들이 출범되었는데, 알파CPU(Alpha

CPU)[15], MDL(Merged DRAM Logic)[16] 등 첨단공정 기반사업들과 CDMA, ADSL 등에 사용하는 첨단 시스템 칩(SoC, System on Chip) 개발사업 등이었다. 성공할 경우, 삼성의 시스템반도체 사업을 혁신적으로 업그레이드할 수 있는 프로젝트들이었다.

그러나 현실은 쉽지 않았다. 내가 2000년에 시스템LSI 사업부장으로 부임하여 파악했을 때, 이 첨단 개발사업들은 근원적인 방향 수정이 불가피했다. 알파CPU는 시장이 사라져가고 있었고, MDL은 공정이 지나치게 복잡하여 경쟁력이 없다는 결론에 도달한 상태였다. CDMA, ADSL 등 시스템 칩들도 사업화까지는 갈 길이 멀었다. 다만 이 개발과정에서 확보한 기술과 인력은 새로운 도전의 기반으로 활용이 가능했다.

선택과 집중

양 — 2000년 초, 삼성의 시스템반도체 사업은 부천 시절부터 개발해오던 아날로그 중심 시스템반도체로 1조 원 수준의 매출을 올리고 있었

---

15. DEC이 개발한 64비트 RISC프로세서. Unix 워크스테이션 및 유사한 시장에서 경쟁력 있도록 설계되었다.

16. 로직과 D램을 하나의 칩에 집적시킨 반도체. 공정이 복잡하여 실용화되지 못했다.

으나 디지털 전환으로 성장이 정체된 상황이었고, 이를 타개하기 위해 도전했던 첨단 프로젝트들은 근원적 한계에 부딪혀서 새로운 방향설정이 시급한 상황이었다고 말씀해주셨다. 이후 이 난제에 어떻게 접근하였나?

임— 사업부장 취임 후 1년여에 걸친 고심과 시행착오 끝에 새로운 시스템반도체 사업 비전과 전략을 수립했다. 철저하게 '성공 가능성'에 초점을 맞추어 사업 분야를 선택했고, 집중적으로 육성해 글로벌 일류사업을 창출하는 것을 목표로 삼았다. 당시 사업 분야 선택기준은 두 가지였다.

1. 성장하는 글로벌 대형시장이 예상되는가?
2. 우리가 이길 수 있는 사업환경이며 인력확보가 가능한가?

이 전략에 따라 2000년 말에 10개 사업 분야를 선정했다. 후발주자인 삼성반도체가 글로벌 시스템반도체 사업에 도전해서 성공할 수 있는 분야는 많지 않았다. 다만 성공 가능성을 열어주는 요인들도 있었다. 당시 진행 중이던 디지털 전환, 특히 모바일 컨버전스(mobile convergence)[17]가 다수의 신성장 시장을 창출하고 있었다는 점, 삼성전자의 완성품 사업부가 핵심 시스템 칩의 내재화를 원하고 있다는 점, 메모리 사업이 남긴 노후 라인을 활용함으로써 제조비용 측면의 강점을 확보한 점, 부천 시절부터 축적된 사내기술과 전문가들이 있고, 확보 가능한 해외 전문인력이 있다는 점 등이었다.

양 — 최종적으로 어떤 분야의 사업들이 선택되었나?

임 — 선택된 사업 분야는 시스템 칩 영역에서 디지털TV, 모바일 CPU, 휴대폰 모뎀, 미디어 플레이어, 액세스 포인트(Access Point)[18] 등 5개 분야였고, 주변 LSI 영역에서는 디스플레이 드라이버, 이미지 센서, 칩 카드, RF 등 4개 분야였다. 그리고 파운드리가 직할 사업으로 선택되었다. 사업부가 영위하던 30여 개 사업 중 10개 사업이 최종적으로 선택된 것이다. 성장동력이 떨어지는 마이콤, 아날로그 제품군은 인력 재배치, 분사 등으로 정리하였다. 2001년 초에는 이를 내외 언론에 공표하였는데, 이 발표가 일본 언론에 대

---

17. 첨단 IT 기기의 다양한 기능이 하나의 모바일 기기에 융·복합하는 현상을 말한다. 휴대폰에 카메라, MP3 등을 결합하는 것이 대표적인 예다.

18. 무선 LAN에서 기지국 역할을 하는 소출력 무선기기. 라우터나 스위치에 붙어서 유선망을 무선망으로 확장해준다. 액세스 포인트 개발팀은 시장이 대만으로 넘어가면서 채 1년이 지나지 않아 해체되었다.

서특필되고 한국에 시스템 칩을 공급하고 있던 일본 기업들이 특히 민감하게 반응했던 기억이 난다.

양 — 사업 분야를 선정할 수는 있었겠지만, 이를 성공적으로 추진할 인재들을 확보하기가 쉽지 않았을 것 같다. 당시 시스템반도체 분야는 선진기업들과의 기술격차도 컸고 한국 내에 경험 있는 전문가들도 별로 없지 않았나?

임 — 그 부분이 쉽지 않았다. 각 분야는 글로벌 시장을 두고 세계의 강자들이 경쟁하는 메이저리그 사업이었기 때문에 그에 걸맞은 추진팀을 만드는 것이 관건이었다. 내부고객인 삼성전자의 완성품 사업부들도 글로벌 경쟁을 하고 있었기 때문에 당연히 세계 최고 수준의 기술력을 요구했고, 외부고객은 더더욱 그랬다. 기술력이 떨어지는 사업팀은 생존할 수 없었다.

다행히 시스템LSI 사업부에서 수년 동안 이 분야들의 기술을 축적해왔고, 이 기술축적 정도가 중요한 선택의 기준이 되었다. 당시 서울대와 과학원을 필두로 많은 대학에서 시스템반도체 전공 우수 인력 공급이 확대되어 실무자급 인력은 어느 정도 확보할 수 있었다. 문제는 이들을 세계수준으로 이끌 경험 있는 리더들을 확보하는 일이었고, 이 문제의 해결이 내가 풀어야 할 큰 숙제였다.

먼저 내부의 실력 있는 간부들을 파격 발탁하여 40세 전후의 임원들을 다수 탄생시켰다. 훗날 삼성의 시스템반도체를 이끌어갈 리더들의 준비 과정이기도 했다. 그런 뒤에는 실리콘밸리의 재미 기술자 중 곧바로 도움이 될 만한 인력을 영입하는 일에 전력을 기울였다. 그 결과 임원, 수석급의 실무경험 인력 20여 명을 영입할 수 있었다. 당시 영입한 인재 중 사업부의 기술고도화에 크게 기여한 사람들이 많았고, 훗날 고위 임원으로 승진해서 시스템반도체 사업에 더 크게 기여한 사람들도 있다. 결국, 성공하는 팀을 만들어내는 것이 모두의 살 길이었기에 내부 반발이나 조직 내 갈등 같은 문제는 많지 않았다.

그 무렵 삼성그룹은 이건희 회장 주도하에 사장들이 나서서 천재급 인재영입에 힘을 쏟고 있었는데, 이 시기에 영입된 재미 기술인재들이 우리 사업부뿐만 아니라 삼성전자에 전반적으로 부족했던 시스템, 소프트웨어 기술력을 한 단계 올려주었다. 이와 함께 'SoC 연구소'를 설립하여 매년 1,000억 원 정도를 투자해 시스템 칩의 공통 IP(Intellectual Property)[19] 확보와 설계 기반기술의 확립을 추진하였다. 삼성전자의 시스템 칩 내재화를 위한 장기적 안목의 투자였다.

---

19. 시스템 칩 설계에 필요한 기초회로 블록들의 회로설계 데이터베이스를 말한다. MCU core, SRAM, power management IP, thermal management IP, SERDES 데이터 인터페이스 등이 있다.

양 — 사업 분야 선정 후 20여 년이 흘렀다. 당시 선정된 SoC, LSI 분야 사업들은 이후 어떤 결과를 얻었나?

임 — SoC 분야에서는 먼저 DTV SoC 팀이 빠르게 역량을 끌어 올렸다. 재미 기술인재로 영입된 임원의 기여가 컸다. 이 팀은 수년 뒤에 영상디스플레이 사업부로 편입되어 삼성의 TV 사업 세계 1위 달성에 크게 기여했다. ARM 기반의 SoC 제품을 전개한 모바일 CPU팀은 당시 급성장하던 PDA 시장을 공략하여 성공을 거두었다. 미국 컴팩(Compaq)의 포켓 PC(Pocket PC)가 첫 고객이었는데, 당시로는 가장 성능이 뛰어난 제품이었다. 이 모바일 CPU는 훗날 삼성의 엑시노스 AP(Application Processor)[20]의 중심으로 진화하였다.

삼성전자의 내부 수요가 가장 컸던 휴대폰용 모뎀은, 초기에 시행착오도 많았고 오랫동안 경쟁력 확보에 어려움을 겪었으나, 현재는 내재화가 완성된 상황이다. 마지막으로 집중육성 사업 분야에는 포함되지 않았지만, 플래시 메모리의 SSD(Solid State Storage)용 SoC의 내재화에 성공하여 삼성이 낸드플래시 칩 사업을 넘어 독자적인 SSD 사업으로 영역을 확대하는 것을 가능하게 하였다.

---

20. 스마트폰, 디지털TV 등에 사용하는 시스템반도체로 일반 컴퓨터의 CPU와 같은 역할을 한다.

SoC 분야는 삼성전자의 완성품 사업경쟁력을 위한 필수역량이라는 점에서 의미가 크고, 파운드리 사업의 기초 수요를 제공하는 역할로서의 중요성도 크다. 시스템 기술의 중심이 되기 때문에 이 분야의 발전 없이는 전자사업의 고도화를 이룰 수 없다. 그런 점에서 삼성전자의 SoC 역량확보 투자는 소기의 목적을 이루었다고 본다.

다만 AP의 경쟁력이 글로벌 톱 수준에는 미치지 못한 것 같다. 모뎀 기술의 확립에 긴 시간이 소요되었고, 프로세서 기술혁신에 충분히 투자하지 못했던 점이 아쉬움으로 남는다. 그러나 애플이 자체 칩으로 경쟁력을 올리는 사례에서 볼 수 있듯이, 스마트폰 경쟁력을 위해서라도 프로세서 기술에 더 투자해야 한다.

LSI 제품군은 전자시스템 주변부에 대량으로 쓰이는 반도체 칩들인데, 이 칩들은 로직 파운드리 공정으로 제조되는 SoC와 달리 메모리처럼 각각 고유의 소자 공정 개발이 필요하다. 그중에서 가장 규모가 큰 디스플레이 드라이버 사업은 당시 세계 1위였던 삼성전자 LCD 사업부를 주 고객으로 하는 주력사업으로, 시스템LSI 사업부의 거의 유일한 캐시카우였다. 당시 수요가 급증하여 중국의 신생 파운드리 기업인 SMIC를 활용하기도 했다. 이 분야에서 창출한 이익으로 신생 사업들을 꾸려갈 수 있었는데, 이 사업은 지금까지도 디스플레이 사업경쟁력의 핵심 역할을 하고 있다.

현재 삼성반도체의 주력사업으로 부상 중인 CIS(CMOS Image Sensor) 사업은 기존 CCD 팀을 확대 개편해 새롭게 추진팀을 구성했었다. 당시에도 이미지 센서 분야는 소니의 독주가 20년 이상 이어져 오고 있었다. 그러나 장기적 시장 성장이 예상되고, 대세기술이 CCD에서 CIS로 바뀌는 데다, D램과 유사한 소자 중심사업이어서 삼성에 기회가 있을 것으로 판단했다. 2001년에 집중사업으로 출범한 CIS 사업은 현재 세계 2위의 위상이다.

마지막으로 칩카드 사업은 메모리 싱글 톱인 삼성반도체의 강점이 활용될 수 있다고 보았다. 당시 휴대폰 SIM 시장이 급성장하고 있었고, 칩 내부의 4bit/8bit 마이콤에 대용량 메모리가 내장되는 구조였기 때문이다. 이 분야는 수년 뒤 세계 1위로 올라섰다. 당시 1위 수요처였던 슐럼버거가 파격적인 가격 인하를 요구했는데, 삼성은 이 요구를 삼성만의 메모리 강점을 활용할 기회로 보았고, 과감한 칩 슈링크를 통해 시장을 장악했다. 다만, 사업이 성공했음에도 수요의 정체로 성장에 한계를 맞았다는 점은 무척 안타깝다.

첨단 파운드리 사업

양 — 사업부장 재임 시에 첫 신규 로직 전용 라인 건설이 추진되는 등 파운드리 사업의 기반이 만들어진 것으로 알고 있다.

임 ― 지금은 삼성반도체의 가장 중요한 사업으로 부상했지만, 당시 파운드리 사업은 유독 어려웠다. 알파CPU, MDL 팀을 해체하고 파운드리 팀으로 재편했지만, 선진기업들과의 공정 기술력 격차는 여전히 컸다. 무엇보다도 당시 시스템LSI 사업부는 메모리반도체 제조에 사용하다가 넘겨받은 6인치 및 8인치 라인에서 디스플레이 드라이버 같은 LSI 분야 제품을 주로 생산했기 때문에, 보유한 시설로는 첨단 로직 제품을 생산할 수 없었다.

첨단 파운드리 사업을 위해서는 로직 전용 라인의 건설이 필요했다. 이는 담당 임원들을 비롯해 사업부 모두의 숙원이었지만, 현실적으로 넘기 어려운 큰 산이었다. 첨단공정을 검증하고 초기 물량을 제공해 줄 자체 시스템 칩 제품도 없었고, 첨단라인 없이는 외부 파운드리 고객도 확보할 수 없었다. 수요가 없으니 라인을 건설할 수 없고, 라인이 없으니 파운드리 사업을 전개할 수 없는 물고 물리는 상황을 돌파해야 하는 일이 큰 숙제였다.

다행히 2000년대 초반 반도체 시황이 나쁘지 않아서 사업부는 꾸준히 매출과 이익의 성장을 이룰 수 있었다. 또 선택과 집중으로 육성했던 사업부의 첨단 SoC, CIS 제품개발도 진전을 보여 사업부 내부수요만으로도 로직 라인을 단계적으로 채워나갈 수 있다는 판단이 섰다. 이에 따라 2003년 초에 12인치 로직 전용 라인의 건설 계획을 수립하고, 그룹의 승인을 얻을 수 있었다.

그러나 건설부지가 문제였다. 기흥사업장은 메모리 수요만으로도 이미 부지가 채워진 상태였다. 건설 가능한 부지는 온양사업장이었지만, 온양은 기흥으로부터 자동차로 한 시간이나 떨어진 곳이었다. 온양사업장에는 2000년에 캐파 부족해소를 위해 건설한 8인치 라인용 건물이 있었다. "온양에 첨단 로직 라인을 건설하면 어떻게 개발에 필요한 우수 인재를 확보할 수 있겠느냐."라며 사업부 내부에서 우려의 목소리가 터져 나왔다.

많은 논란이 있었던 이 로직 전용 라인 확보 문제는, 결국 그룹의 조정을 거쳐 기흥에 메모리용으로 계획되어 있던 신규 라인의 2층을 사용하는 것으로 최종 정리되었다. 이 의사결정으로 삼성의 첨단 파운드리 사업이 강력한 추진동력을 얻게 되었는데, 이것이 12인치로 건설된 최초의 로직 전용 라인인 'S라인'이다. '로직 전용 신규 라인 확보'라는 사업부의 오랜 숙원이 이루어졌다. 2003년 가을이었다.

파운드리 사업 도약의 또 다른 기반은 2003년 말 IBM이 주관한 첨단 로직 공정개발 컨소시엄 가입 추진이었다. IBM의 제안으로 삼성, AMD(현재 글로벌파운드리) 등이 공동으로 첨단 공정기술을 개발해서 선두주자인 인텔, TSMC와 경쟁하는 구도였다. 당시 삼성이 독자적으로 첨단 로직 공정기술 개발을 추진하기에는 경험, 인프라 등 여러 가지로 힘에 부쳤던 만큼, 이 컨소시엄의 가입이 또 다른 도약의 디딤돌이 되었다.

양 — 지난 20여 년간 진행된 첨단 시스템반도체의 도전 성과를 평가하고 앞으로의 가능성을 전망한다면?

임 — 지금 생각해 보면 '더 잘 할 수 있었는데' 하는 부분도 많다. 중요성이 커질 수밖에 없는 미래 '대세기술, 필연사업'에 더 집중투자해야 했는데, 현실적인 제약이나 실현 가능성을 너무 크게 고려했다고 생각되기도 한다. 한편으로 보면, 실현 가능성을 기준으로 했기에 일관된 사업 추진이 가능했다고 볼 수도 있다.

결과적으로, 2001년 시스템반도체 사업의 새로운 방향을 설정한 이후, 20여 년간 일관되게 선택된 사업의 글로벌 경쟁력을 높이기 위해 노력했고, 좋은 성과를 얻었다고 평가받을 만하다. '파운드리'와 '이미지 센서'가 세계 2위의 위상을 확보하여 'D램'과 '플래시 메모리'를 잇는 삼성전자의 미래 성장동력으로 부상했고, 주요 시스템 칩의 내재화가 이루어져서 완성품 사업의 경쟁기반이 갖추어진 성과가 있었다. 다만 스마트폰의 AP는 아쉬운 부분이다.

반도체 주요 분야에서 후발주자가 선두기업을 추월한 경우는 많지 않다. 자유경쟁 환경에서 축적된 기술격차와 지적재산은 뛰어넘기 힘든 장벽이다. 한국의 D램이 장벽을 뛰어넘은 거의 유일한 사례인 것 같다. '디지털 전환' 같은 거대한 기술변혁이 있거나, '플래시 메모리' 같은 신산업이 탄생할 때에만 새로운 강자의 출현이 가능했다. 삼성이 첨단 시스템반도체 사업에 도전한 이후로는 플래시 메모리와 같은 메이저 신산업분야가 출현하지 않았다. 드문 기회로 AI(Artificial Intelligence, 인공지능) 프로세서가 크게 성장하고 있지만, GPU 기술을 GP GPU[21] 기술로 진화시켜 시장을 선점한 엔비디아, AMD 등 기존 강자들이 앞서 나가고 있다. 후발주자들이 추월하기가 쉽지 않다.

그런 측면에서 '파운드리'와 '이미지 센서'의 차세대 기술개발에서 선두권 경쟁을 벌일 수 있게 된 것은 대단한 성취로 본다. 삼성은 비교적 늦게 출발했지만, 파운드리에서 TSMC, 이미지센서에서 소니를 제외한 나머지 경쟁자들을 모두 추월하고 각각의 영역에서 세계 2위에 진입했다. 앞으로 역량을 꾸준히 키워나가면 1위 기업을 추월할 가능성도 있다.

---

21. GP GPU(General-Purpose computing on GPU)는 그래픽 처리를 위해 사용하던 GPU 기술을 CPU가 맡았던 프로그램 계산 영역까지 확장한 기술로, 오늘날 인공지능의 딥러닝에 가장 널리 쓰이고 있다.

양 — 나머지 소개할 만한 에피소드가 있다면 무엇인가?

임 — 2001년부터 당시 이재용 상무가 삼성그룹에서 본격적으로 일하기 시작했다. 그 무렵 시스템반도체 사업은 그룹 차원의 주요 미래 성장 동력으로 인식되고 있었고 이건희 회장의 관심 사업이기도 했지만, 글로벌 리더십을 확보하기까지 갈 길이 멀다는 사실이 그룹 내에 널리 인식되고 있었다. 이재용 상무는 시스템LSI 사업부를 종종 방문해 사업부의 어려움을 들어주곤 했다. 공식적으로 큰 역할을 맡지는 않았지만, 많은 임원과 소통하면서 삼성전자의 현안을 파악하는 데 열심이었고 학습속도도 빨랐다.

그는 각 사업부가 놓친 부분이나 미진한 부분을 뒤에서 보완하기 위해 노력했다. 특히 기흥의 로직 전용 라인 확보에 큰 도움을 주었고, IBM 컨소시엄 가입에도 힘을 더해 주었다. 삼성의 파운드리 사업은 그가 창업했다고 할 수 있을 만큼 그의 역할과 도움이 컸다. 2002~2003년경 그와 함께 TSMC를 방문해 모리스 창 회장을 만났던 기억이 난다. 당시 창 회장은 삼성의 파운드리 사업 진입 여부를 무척 궁금해했다.

양 — 지금까지 이야기하신 내용을 보면, 엔지니어로 시작해 사업부장(사장)에 이르는 역할을 경험하면서 메모리, 시스템반도체, 파운드리 등 삼성반도체의 거의 모든 사업개척에 관여했고 많은 성공과 실패가 있었다. 엔지니어, 프로젝트 리더, 임원/본부장, 사업부 CEO에 이르는 각 단계에서 느낀 점들을 이야기해 주시면 후배들에게 참고가 될 듯하다.

임 — 삼성의 반도체 사업 입문기에 입사했고, 제품개발 전문가였기에 많은 반도체 사업의 개척에 참여할 수 있었다. 입사 초부터 엔지니어로 두각을 나타냈기 때문에 반도체 설계에서 소자, 공정에 이르는 넓은 기술 영역을 모두 경험해 볼 기회가 주어졌고, 그 과정에서 얻은 폭넓은 기술적 능력이 새로운 반도체 기술개발의 방향설정과 문제해결에 큰 도움이 되었다. 결국, 엔지니어로서 문제를 해결할 수 있는 실무 디테일에 폭넓게 강했다는 것이 모든 것의 시작점이었다.

반도체 엔지니어에서 사업 경영자로의 변신도 비교적 빨랐다. 회사의 주력사업이 아닌 분야(Non-D램)에서 시작했기 때문에, 기술개발부터 고객 확보까지 폭넓은 영역의 활동이 가능했다. 그 덕분에 기술의 성공 가능성과 경쟁력을 먼저 생각하는 경영자적 시각이 비교적 빨리 자리 잡았다. 임원으로 일한 시기에는 기술적 인사이트와 시장을 읽는 눈을 동시에 가졌기에 큰 경영성과를 거둘 수 있었다. 나의 사례와 같이, 삼성반도체가 기술적 능력이 뛰어난 인재들을 조기에 발탁해 임원, 사업부장 등 경영자의 지위를 부여한 것이 사업 성공의 큰 요인으로 작용했다고 생각한다.

사업부장 시절에는 무엇보다 사업의 방향을 제대로 설정하는 것이 핵심이었고, 이를 제대로 추진할 수 있는 인재를 발탁하는 일이 무엇보다 중요했다. 성공의 경험을 전수하기 위해, 성공의 필요조건과 충분조건에 관한 토론을 하는 데 많은 시간을 투여했다. 결국 미래 '대세기술, 필연사업'을 미리 알고 준비하는 것이 중요했고, 이길 수 있는 인재들을 확보하는 것이 관건이었다. 내부 발탁과 외부 영입, 어느 쪽이건 이기는 팀을 만들 수 있는 (히든) 히어로가 중요했다.

양 — 재임 당시, 업무적인 이슈뿐만 아니라 마음가짐에 관한 이야기도 많이 하셨다. 항상 능동적으로 일하는 모습이었는데, 그런 에너지가 어디서 왔는지 궁금했었다. 이와 관련해 첨단기술산업의 미래 주역들에게 참고가 될 만한 이야기를 해주셨으면 한다.

임 — 꿈이야말로 강력한 추진동력이다. 내 경우에는 반도체 산업의 성공으로 한국의 발전에 기여하는 것이 오랜 꿈이었다. 회사 일이 꿈의 실현과 연결되어 있었기 때문에 오랜 기간 능동적으로, 또 스스로 만족하면서 일할 수 있었다. 주어진 자리에서 한 페이지 한 페이지를 알차게 채우려고 노력했다.

시키는 일을 하기보다는 필요한 일을 찾아서 제안하고, 스스로

삼성반도체 굴기 연보

세계, 한국		삼성, 삼성반도체
- 반도체 발명(1947) - IC, MOSFET 발명(1959) - 마이크로프로세서, D램(1970)	**1975년 이전**	- 삼성전자 설립(1969)
- 애플2 PC 출시(1977) - NEC, 64K D램 개발(1979)	**삼성, 반도체 입문 (1975-1982)**	- 한국반도체 인수(1974) - TV용 IC 개발(1978) - 시계칩 슈링크(1980)
- 플라자 합의(1985) - TSMC 설립(1987)	**메모리 창업기 (1983-1987)**	- VLSI 메모리 진출 선언(1983) - 64K D램(1983) - 기흥 1라인 완공(1984) - 1M D램 자체 개발(1986)
- NAND 발명(1988) - 월드와이드웹(www, 1990) - 유럽 GSM 서비스(1992)	**선두권 진입기 (1988-1993)**	- 이건희 회장 취임(1988) - D램 기술격차 해소(64M, 1992) - NAND 개발 착수(1993) - 메모리 M/S 세계 1위(1993)
- D램 대공황(1996-1998) - IMF 구제금융(1997) - 디지털TV 방송(1998)	**싱글톱 도약기 (1994-1999)**	- 삼성 신경영 선언(1993) - 256M D램 세계 최초 개발 (1994) - NAND 설계 선도 (ISSCC, 1995) - 첨단 시스템반도체 도전(1997)
- 한일월드컵(2002)	**시스템반도체 재출범 (2000-2003)**	- 삼성 기술중시 사장단 인사(2000) - 시스템반도체 사업 방향 재정립(2001) - 로직 전용 라인 건설 추진(2003)

<그림 5>

일을 만드는 경우가 많았다. 대기업 안의 벤처사업가에 가까웠다. 당시에도 반도체 산업의 다양한 영역에서 혁신이 계속되었고, 이러한 기술과 사업의 개척을 위해 벤처 정신이 필수적이었다. 크고 작은 성공으로 회사의 신뢰를 얻었기 때문에 많은 기회가 주어졌다.

대학 시절부터의 취미가 역사 공부였는데, 여기서 많은 지혜를 얻었다고 생각한다. 특히 근대사와 과학기술사는 공부해볼 만하다. 현재가 만들어진 과정을 잘 이해해야 미래를 볼 수 있다. 안목을 넓히고 어려운 상황을 돌파하는 데 이 역사 공부가 크게 도움이 되었다.

삼성의 미래 개척 분야에서 일하다

양 — 2004년 초에 반도체 부문을 떠나 삼성전자 기술총괄 사장으로 자리를 옮겼다. 후임 사업부장(권오현)이 사업부 내부 인사여서 이후에도 일관성 있는 방향으로 나아갔던 것 같다. 30여 년간 반도체 굴기 현장에서 일하며 많은 성취를 이루었다. 자리를 옮긴 이후에는 어떤 일을 하셨는지 궁금하다.

임 — 삼성그룹에서 퇴임한 2009년 이전까지 약 6년 동안 삼성전자 기술총괄 사장, 삼성종합기술원장, 삼성그룹 신사업팀장으로 삼성의 미래 개척 분야에서 일했다. 반도체를 넘어 다양한 미래기술과 신산업에 관한 안목을 키우는 좋은 기회였다.

2004년에 삼성전자 기술총괄 사장으로 부임했는데, 삼성전자의 CTO에 해당하는 직책으로, 산하에 기술전략실, 생산기술센터, 소프트웨어센터를 두고 있었다. 삼성전자의 전사 기술전략을 수립하고, 주로 완성품 사업부들의 공통 지원기술 조직을 관장하는 일이었지만, 나는 크게 흥미를 느끼지 못했다. 2004년 당시 8개에 달했던 완성품 사업부들은 내게 익숙한 반도체 사업과는 특성도 다르고, 사업부별로 처한 상황이나 핵심기술도 크게 달라서 전사 기술전략의 의미가 크지 않다고 느꼈다.

10년 전부터 시작된 디지털 기술혁명을 잘 준비한 영상 디스플레이(TV와 모니터), 무선(모바일폰) 등은 이미 세계 2위 수준이었으나, '비연속 기술혁신(disruptive innovation)'이 없고 전사 차원의 지원도 부족했던 생활가전, 네트워크, PC, 프린트, 비디오, HDD 등은 여전히 선진 기업을 힘들게 추격하는 상황이었다. 삼성전자의 사업 중 '비연속 기술혁신'이 있었던 메모리, LCD, 영상 디스플레이, 무선사업은 이미 세계 선두권을 달성했기에, 당시 나는 이 '비연속 기술혁신'에 주목하고 있었고, 그 가능성을 열어줄 미래 기술에 관심이 컸다. 이러한 혁신을 가져올 미래 대세기술의 길목을 지키는 선행연구 역량을 갖추면, 새로운 메이저 사업을 만들 수 있을 뿐만 아니라 더 빨리 삼성을 지속발전 가능한 기업으로 만들 수 있다고 생각했다. 2005년, 회사는 내가 희망한 대로 미래 기술을 담당하고 있던 삼성종합기술원의 CEO로 나를 보임해주었다.

양 — 삼성종합기술원은 당시 한국의 민간기업 연구소 중 최대규모였고, 각종 연구에서 선두에 있었던 것으로 알려져 있다. 3년여 재임 기간에 많은 일이 있었을 것 같다. 그중에서도 가장 중점을 두었던 부분은 무엇이었나?

임 — 당시 삼성종합기술원은 약 1,200명의 연구원이 삼성그룹의 미래 기술 연구를 담당하고 있었다. 삼성전자의 반도체·디스플레이·통신·멀티미디어 사업 분야의 미래기술 연구와, 에너지·바이오·전자부품 및 소재 등 신사업 관련 연구가 진행되고 있었다. 삼성그룹 관계사의 위탁 과제는 많지 않았고, 대다수 과제를 연구책임자가 직접 발굴해 기술원 내부 심사를 거쳐 확정하는 방식이었다. 그 뒤, 연구의 결과물을 삼성그룹 관계사의 관련 사업부로 이전하는 것을 성과로 평가하고 있었다.

원장으로 부임한 몇 달 후, 나는 삼성종합기술원의 미션과 성과에 대해 근원적인 고민을 하게 되었다. 직전 3년간 해마다 사업부로 이전한 70여 가지 연구 결과물의 활용도를 평가한 결과, 기대에 미치지 못한다는 결론을 얻었고, 진행 중인 각 연구실의 연구 테마도 미래기술, 신산업 측면에서 보면 미래가치가 미흡하다고 판단되었다. 원장 취임 전, 메모리와 시스템반도체를 거쳐 기술총괄을 담당했기 때문에 당시 전자산업의 대세기술에 관련한 포괄적인 이해가 있었고, 이를 기반으로 대부분의 연구 테마에 대한 평가가 가능했다.

이후 1년여 기간 동안 많은 시간을 들여 연구 테마들의 적정성을 세부적으로 검토하였고, 진행 중인 연구의 절반 정도를 대폭 수정하거나 사업부로 이전하는 것이 효율적이라는 결론을 얻었다. 대표적인 대형과제 중 '연료전지'는 '배터리' 연구로, '데이터 컴프레션(Data Compression)'은 '이미지 프로세싱' 연구로 인력을 재배치하였고, 초소형 HDD 개발은 HDD 사업부로 이전하는 등 크고 작은 연구 테마들의 광범위한 조정이 뒤따랐다.

이 과정에서 가장 큰 고민거리는 많은 우수 연구원들이 실패한 연구 테마에 오랜 기간 시간을 들이느라 경력을 낭비했다는 점이었다. 유망하다고 여겨지던 기술도 대세기술로 자리 잡지 못하고 사라지는 사례가 많기 때문에, 미래기술 연구는 사업부의 차세대 기술개발과는 확연히 다른 형태로 관리해야 한다고 느꼈다.

통상 연구개발(R&D)로 표기되지만, 연구(Research)는 탐험과 같고 개발(Development)은 경주와 같다. 둘은 완전히 다른 것이다. 미국의 GE의 중앙연구소를 방문했을 때, 이 문제의 해법을 구한 적이 있는데, 그들은 연구원의 10%를 사업부 경험이 풍부한 시니어 연구원으로 채용하고, 신입 박사에게는 세 가지 이상의 프로젝트에 참여시켜서 실패의 확률을 줄인다고 했다. 연구 테마의 리더들이 마케팅 담당자처럼 해당 기술의 수요에 관한 해박한 지식을 보유하고 있다는 점도 인상적이었다.

삼성전자가 패스트 팔로어(Fast Follower)에서 퍼스트 무버(First Mover)로 변신하려는 시점이었기에, 종합기술원의 미션을 재정립하고 이에 걸맞은 연구 테마를 선정하기 위해 삼성 내외부의 여러 전문가와 토론했다. 부임 1년 뒤인 2006년경에는 삼성종합기술원이 미래 '대세기술'을 한발 앞서 연구하고 경험을 축적하는 것이 단편적인 연구 결과물을 이전하는 것보다 훨씬 더 중요한 목표가 되어야 한다는 생각이 굳어졌다. 미래 대세기술을 이끌 인재를 한발 앞서 육성하고, 이들이 적절한 시기에 사업부로 이동해 관련 연구개발을 주도하면, 미래 대세기술에 대한 삼성의 대응이 빨라질 것이 분명했다.

이후 2년간 삼성종합기술원을 삼성의 미래 대세기술 리더의 산실로 만들기 위해 심혈을 기울였다. 연구개발 프로세스를 구체화하고, 신IT·그린에너지·바이오헬스케어 분야 연구를 강화하였다. 60여 가지에 이르는 연구 테마의 리더들이 벤처기업의 CEO와 같

은 마인드로 각 테마의 미래가치를 스스로 고민하며 진화시켜나가
도록 했고, 매년 2회 원장의 심의를 받도록 했다. 새롭게 연구를 시
작한 팀들은 7년 이내에 사업부로 이동하여 10년 이내에 사업화
하는 것을 목표로 삼도록 했다. 그보다 긴 시간이 소요되는 미래기
술은 기업연구소의 역할로 보지 않았다.

　많은 노력을 들여 시작한 혁신이었으나, 충분하지 않은 나의 3
년여 재임 기간과 후임 원장들의 잦은 교체로 인하여 이 혁신을 지
속적으로 발전시켜 나가기 어려웠다. 그러나 다행히도 삼성종합기
술원은 많은 어려움을 극복하고 이후 삼성전자의 사업부장, 연구
소장, 신사업 CEO 등 다수의 고위 경영자를 배출하였고, 많은 리
더들이 퇴임 후 창업하거나 관련 기업들의 연구개발 경영자로 일
하게 되었다. 이들이 대기업 내 벤처기업가 정신으로 미래 대세기
술을 찾기 위해 노력한 성과라고 생각한다.

양 ―　2008년 삼성그룹의 신사업팀장으로 삼성의 미래 성장 엔진을 기
획할 기회를 가졌다. 어떻게 진행되었나?

임 ―　당시 삼성그룹은 이건희 회장의 강력한 의지로 반도체 이후 신사
업을 찾고 있었는데, 삼성종합기술원장으로 미래기술을 담당하던 나에
게 그 일을 맡겼다. 삼성전자에서 추진하고 있던 정보전자(신IT) 이외의

분야에서 삼성의 미래 성장 엔진을 찾는 것이 미션이었다. 신사업팀은 약 15명의 임원과 간부로 이루어진 소규모 조직이었다. 그러나 삼성그룹의 모든 조직과 소통하며 삼성의 신사업을 기획해나갈 수 있었다.

대규모 글로벌 시장으로 성장할 것이 예상되는 분야 중 삼성의 장점을 활용할 수 있는 '기술혁신이 빠른 분야'를 중점적으로 검토했다. 1년여 노력 끝에 다섯 가지 신사업이 선정되었고, 2010년에 삼성그룹이 국내외에 발표하였다. 바이오 CMO(Contract Manufacturing Organization) 사업은 새로운 기업의 설립이 필요한 완전한 신규사업이었고, 전기차용 2차전지, 메디컬 디바이스(의료기기), 태양광 패널, LED 조명 등 4개 사업은 삼성그룹 관계사의 사업 중 그룹 차원의 인식 전환이 필요한 사업들이었다. 10여 년이 지난 지금, 당시 선정된 신사업 중 바이오CMO와 전기차용 2차전지는 삼성의 주요사업으로 성장하였다. 지나고 보니, 당시 신IT 분야가 제외되어 AI 분야에서 신사업을 발굴하지 못한 것이 아쉬움으로 남는다.

양 ― 2004년 반도체 현장을 떠난 이후에 하신 일 중 반도체와 관련된 일은 없었나?

임 ― 그 기간에 반도체와 관련하여 기억나는 일 중 하나는 삼성종합기술원의 통신 코딩 관련 연구팀을 반도체 플래시 메모리 개발조직으로 보낸 일이다. 통신 코딩 관련 기술은 반도체 기업에서 확보하기 어려운 기술 역량인데, 기술적인 연결고리를 알고 있어야 내릴 수 있는 결정이었다. 이 팀은 훗날 SSD의 핵심기술인 채널 코딩(Channel Coding)[22]에서 큰 성과를 거두어 삼성반도체가 SSD에서 앞서 나가는 데 큰 도움이 되었다고 한다.

신사업팀장 시기에는 삼성의 바이오 사업기획을 이끌었는데, 반도체에서의 성공 경험이 이 사업의 출범에 큰 도움이 되었다. 삼성으로서는 완전히 새로운 분야인 바이오 사업에 투자를 결정하기 위해서는 글로벌 바이오 기업과의 합작이 필요했다. 이때, 반도체 사업 성공 경험이 합작 파트너에게 삼성의 사업능력에 관한 신뢰를 품게 하는 데 도움을 주었다. 반도체 성공 경험의 확장성을 보여주는 사례인 셈이다.

양 — 2009년 말, 신사업팀장을 마지막으로 현직을 떠나 상담역이 되었다. 소회가 어떠했나?

---

[22] 채널을 통한 정보의 전송 중에 수신 측이 에러를 검출하고 정정할 수 있도록 송신원 측에서 신호를 변환하는 방식으로, 전송 데이터에 구조화된 잉여정보(Redundancy)를 삽입하여 제한된 전력 또는 대역폭을 갖는 채널 환경에서 비트 오류율(BER, Bit Error Rate)을 개선하는 기술.

임— 34년을 숨 가쁘게 일해 왔기 때문에 많이 지쳐있었다. 삼성그룹에 입사하여 아낌을 받았고, 충분한 기회와 성과에 대한 보상도 받았다고 느꼈다. 한 페이지 한 페이지 충실하게 채우려고 노력했기에 후회 없이 퇴임할 수 있었다.

SK그룹에서 일하다

양— 삼성에서 퇴임한 이후 SK그룹에서 일하셨다. 몇 년의 공백이 있긴했지만, 한국에서는 흔치 않은 대기업 최고위 경영인의 이동이어서 당시 언론에 크게 보도되기도 했다. SK로 자리를 옮기게 된 배경과 과정이 궁금하다.

임— 삼성에서 퇴임한 이후 삼성종합기술원장 경험을 바탕으로 국가 R&D 발전에 기여하고 싶었는데, 그런 기회는 오지 않았다. 3년간 한국과학기술원(KAIST) 총동문회장을 역임하고 동문장학재단을 설립하는 등 한국과학기술원을 지원하는 일에 힘을 쏟았다. 동문들의 지원이 한국을 대표하는 이공계 대학이 세계 초일류 대학으로 성장하는 데 큰 요소로 작용할 수 있다고 생각했기 때문에 소명감을 가지고 일했다.

　　SK그룹으로부터 2013년부터 영입 제안이 있었다. SK그룹은 2012

년에 경영권을 인수한 하이닉스의 최고경영자로 경험 있는 경영인이 필요하다고 판단하고 있었다. 그러나 나는 반도체 경영보다 SK그룹의 첨단 기술사업 개척에 관심이 많았다. 신기술과 신사업 개척이 삼성에서 퇴임하기 직전에 했던 일이기도 했고, 반도체는 경험의 공유만으로도 충분히 도움을 줄 수 있다고 생각했다. 결국, 2014년 초에 하이닉스의 최대 주주인 SK텔레콤의 부회장으로 합류했다. 삼성그룹의 사전 양해가 있었다.

당시 재계 3위인 SK그룹을 더 강하게 만들 수 있다면, 그것 역시 국가발전에 도움이 되는 일이라고 생각했고, 엔지니어와 기술경영자들의 이동이 더 자유로워지는 것이 엔지니어라는 직업의 매력을 올려준다는 생각도 있었다. 삼성에 근무하면서 한국 경제를 지키는 가장 중요한 요소가 엔지니어 경쟁력이라는 사실을 절감했었다. 하이닉스의 경쟁력이 올라가면 한국 반도체 산업의 생태계가 더 튼튼해질 것이라는 생각도 있었다. 반도체 관련 인재육성 인프라뿐만 아니라, 소재·부품·장비 분야 생태계에도 하이닉스의 경쟁력이 중요하다고 보았다.

양 — SK그룹에서 3년간 일하셨는데 무슨 일에 역점을 두었나?

임 — 애초부터 SK그룹을 전반적으로 지원하는 수퍼바이저(Supervisor)

로 합류했기 때문에 조직의 CEO로서 일했던 삼성에서와는 역할이나 일의 방식이 달랐다. SK그룹의 '수펙스 추구위원회' ICT 위원장으로 활동하면서 정보통신 서비스 사업을 하는 SK텔레콤, SKC&C에 기술경영의 경험을 공유했고, 임원급 인재들을 영입해 신기술, 신사업 개발을 지원했다.

사내이사직을 겸임했던 하이닉스와 관련해서는 좀 더 구체적인 노력을 기울였다. 먼저, 개발조직이 사업경쟁력의 중심이 되도록 조직의 미션을 재정립하게 했다. 개발조직이 주어진 개발 목표의 달성을 넘어 능동적으로 회사의 경쟁력을 올리는 일을 찾는 것이 중요하고, 장기적으로는 고객기반을 업그레이드하여 사업의 안정성을 높이는 데까지 시야를 넓혀야 한다고 생각했기 때문이다.

주요 프로젝트별로 태스크포스팀을 구성하여 책임과 권한을 명확히 하도록 했고, 히든 히어로들을 조기에 발탁하는 인사 관행이 자리 잡도록 했다. 또, 메모리 사업의 경쟁력에 중요한 기술 줄기를 정의하고, 이와 관련한 회사의 상황을 파악하여 취약 분야를 보강하도록 했다. 다소 취약했던 D램 설계부문을 보강하고, 기술마케팅을 활성화하여 시장 대응능력을 강화하도록 했고, 플래시 메모리 선도기업이 갖추어야 할 시스템 칩(SoC), 소프트웨어 역량도 강화하도록 했다. 하이닉스의 근원적 체질 강화를 위해 노력했다. 하이닉스 임원들로부터 충분한 공감을 얻었고, 많은 임원들이 적극적으로 실행에 옮겨 주었다.

　이와 함께, 당시 나는 반도체 굴기를 추진하던 중국에 대한 미국의 견제 움직임을 예견할 수 있었고, 미국이 가진 반도체 산업 통제력도 알고 있었다. SK그룹이 이 부분에 대한 충분한 이해를 바탕으로 해외 협력을 추진하도록 힘썼다.

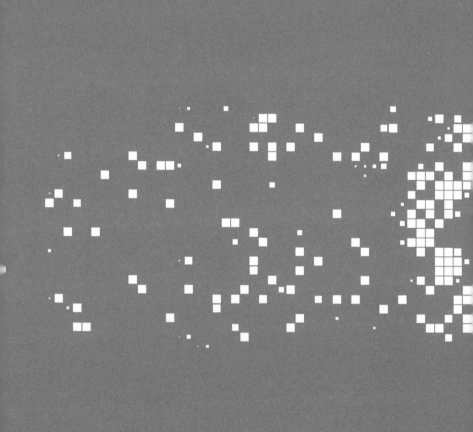

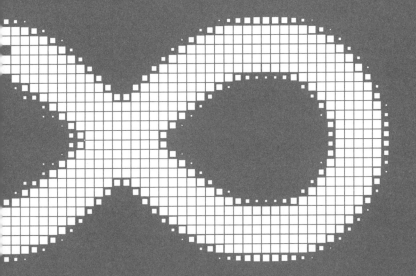

2부

한국 반도체 산업의 미래를 생각하다

2부에서는 한국 반도체 산업의 미래를 생각해 본다. 아래 3가지 줄기로 이야기를 전개한다.

먼저, 지난 50여 년간 반도체가 어떻게 정보혁명의 동력이 되었는지를 살펴본다. 반도체 기술의 발전은 약 15년마다 정보산업의 새로운 패러다임을 탄생시켜 왔고, 기업지형에도 커다란 변혁을 가져왔다. 이 추세가 계속되어 4차 산업혁명 시기에는 산업 전반에 걸친 변화가 예상된다.

다음으로 한국 반도체 산업의 위상, 기회, 리스크를 정리해본다. 한국은 세계 1위인 메모리반도체는 물론 시스템반도체에서도 글로벌 경쟁력을 보유한 만큼 성장의 기회가 많다. 그러나 팹리스, 소재, 부품 등에서 반도체 강소기업이 탄생하려면 지금과는 다른 인재육성과 집중이 필요하다.

마지막으로, 한국이 왜 국가적인 역량을 반도체 산업에 집중해야 하는지, 이를 위해 가장 먼저 해야 할 일들은 무엇인지 이야기한다. 반도체가 강해지면 안보, 경제, 미래산업이 강해지고, 한국의 국격도 더 높아진다. 반도체 산업의 장기적 경쟁력을 위해서는 국가 차원의 인재공급 전략이 필수적이다.

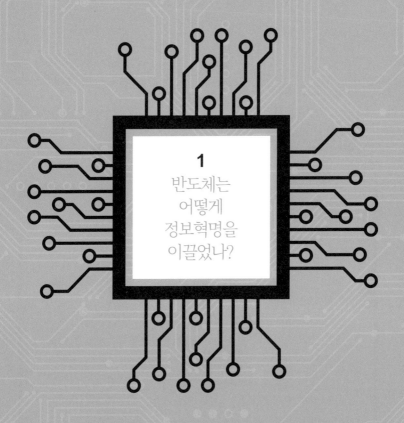

1
반도체는
어떻게
정보혁명을
이끌었나?

1

이 장에서는 지금까지 반도체와 정보산업이 어떻게 상호작용하며 정보혁명을 이끌어 왔는지를 이야기한다. 반도체 미세화 기술발전에 힘입어 1977년에 PC가 탄생하였고, PC와 인터넷의 연결이 확산되며 정보혁명이 본격적으로 시작되었다. 반도체 미세화 기술발전이 계속되어 15년 뒤인 1992년에는 디지털 셀룰러 서비스가 가능해졌고, 다시 15년이 지난 2007년에는 스마트폰이 탄생했다. 스마트폰 등장 이후 15년이 지난 지금은 자율주행 자동차가 등장하고, AI가 4차 산업혁명을 열어가고 있다. 지난 50여 년간 이어진 반도체 미세화 기술발전은 새로운 정보산업의 패러다임을 여는 숨겨진 동력이었고, 이로 인한 패러다임 변화는 글로벌 정보기업 지형을 크게 바꾸었다. 4차 산업혁명 시기에는 정보산업을 넘어 산업 전반의 기업지형에 변혁이 전망된다.

반도체, 15년마다 새로운 정보산업 패러다임을 창출하다

양 — 반도체 탄생 이후, 정보산업이 비약적으로 발전했고 이로 인해 정보혁명이 일어났다. 반도체 기술발전이 정보혁명으로 연결되었다고 할 수 있는데, 반도체와 정보혁명의 상관 메커니즘에 관하여 좀 더 상세히 설명해주었으면 한다.

임 — 1부에서 설명한 바와 같이, 1947년에 반도체가 발명된 이후, 20여 년간 수많은 반도체 주요 발명과 기술혁신이 뒤따랐고, 그 결과로 1968년에 실리콘 게이트 MOS 기술이 확립되었다. 이 기술로 인해 마이크로프로세서와 메모리반도체의 고집적화, 고성능화의 길이 활짝 열렸고, 마침내 1977년에 PC가 탄생했다.

　인텔의 CEO였던 고든 무어는 날이 갈수록 고성능화하는 기술

발전의 속도를 정의했는데, 이것이 소위 '무어의 법칙'이다. "3년마다 반도체의 성능과 집적도가 4배로 증가한다."라는 것이다. 이론이라기보다 관찰의 결과였다. 실제로는 제품에 따라 다소의 차이가 있었고, 또 시간이 지남에 따라 조금씩 느려져 왔지만, 그래도 반도체 기술은 지난 50여 년간 3년에 3배 정도의 발전 속도를 오랫동안 유지해왔다.

이러한 반도체 기술의 발전이 누적되어 일정한 수준에 이르면, 반도체의 높아진 성능과 낮아진 가격으로 새로운 정보기기의 대중화가 가능해진다. 이어서 이 정보기기의 고성능화가 반도체 기술 발전의 새로운 동력으로 작용하는 상호작용 사이클이 반복되어 정보산업을 발전시켜왔다.

양 — 좀 더 구체적으로 지난 50년간 반도체 발전과 관련하여 어떠한 정보산업 패러다임 변화가 일어났는지 듣고 싶다.

임 — PC의 탄생이 실질적인 정보혁명의 시작점이다. 1977년 스티브 잡스의 개인용 컴퓨터 애플2가 출시되면서 '개인용 컴퓨터(PC)' 시대가 시작되었다. 1980년대 들어 PC 프로세서와 OS(Operating System, 운영체제)의 눈부신 성능 개선과 함께 마우스와 그래픽 개선을 통한 유저 인터페이스(UI)의 발전과 1989년 등장한 월드와이드웹(World Wide Web)이 사용자를 획기적으로 확대시키는 역할을 했다. PC 사용자는 누구라도 인터넷을 통해 원하는 정보를 공유할 수 있는 진정한 정보혁명의 대중화·보편화가 시작된 것이다. 이는 PC와 반도체 산업의 급성장으로 이어졌다.

PC의 지속적인 고성능화가 15년여 지속되며 축적한 반도체 기술이 디지털 휴대폰으로 대표되는 새로운 '디지털 전자' 시대를 열었다. 무어의 법칙에 따라 3년마다 3~4배씩 반도체 성능이 향상되는 사이클이 5회 반복되면 15년 뒤에는 반도체의 성능이 대략 250~1,000배 향상된다. 이와 같은 반도체 성능 향상으로 기존 아날로그 통신과 방송을 디지털화할 수 있게 된 것이다.

먼저 디지털 이동통신 기준으로 살펴보면, 1992년에 유럽에서 GSM 방식의 이동통신 서비스가 시작되었고, 한국은 1996년에 CDMA 방식으로 디지털 이동통신 서비스를 개시하였다. 이후 디지털 이동통신이 3G, 4G로 발전하여 더 많은 데이터를 더 빨리 송수신할 수 있게 되면서, 소비자들이 양질의 서비스를 다양하게 선택할 수 있게 되었다. '1인 1폰' 시대의 도래로 디지털 콘텐츠의 개인화가 시작되었고, 다양한 콘텐츠가 생성되기 시작했다.

디지털 방송을 기준으로 보면, 디지털카메라와 콘텐츠 수신 장비를 개인별로 소유하기 시작했고, 지상파와 케이블 방송 채널이 다양한 콘텐츠를 제공하기 시작하였다. 디지털 방송이 점차 SD에서 HD 등으로 고화질화되었고, 대형의 고해상도 평판 LCD TV가 시장의 추세가 되었다. 이와 같이 디지털 통신과 방송 기술의 다양한 기능과 고성능화에 대한 요구는 반도체 기술발전을 드라이브하는 강력한 동인이 되었다.

디지털 휴대폰이 등장하고 15년쯤 지난 뒤에는 '스마트폰' 시대가 열렸다. 2007년에 애플이 아이폰을 출시하였고, 뒤를 이어 구글의 안드로이드 OS 기반 스마트폰이 줄을 이었다. 과거 메인프레임 수준의 고성능 컴퓨터와 통신기기, 카메라를 포함한 모든 멀티미디어 기능이 하나의 스마트폰으로 집적되는 모바일 컨버전스가 가능해진 것이다. 스마트폰의 이 같은 성능 향상이 수많은 모바일 인터넷 서비스로 연결되었고, 각종 콘텐츠와 데이터의 저장, 공유, 편집과 관련한 서비스는 새로운 산업이 탄생하는 기회의 시대를 열었다.

스마트폰이 등장한 지 15년이 지난 2022년, 세계는 AI가 리드하는 4차 산업혁명 시대에 접어들었다. 정보산업뿐만 아니라 커머스·금융·모빌리티·에너지·헬스케어 등 전 산업, 그중에서도 모빌리티 산업에서 커다란 변화가 일어나고 있다. 반도체 기술발전은 4차 산업혁명 시대에 더 넓은 산업영역에서 변화의 동력으로 작용할 전망이다.

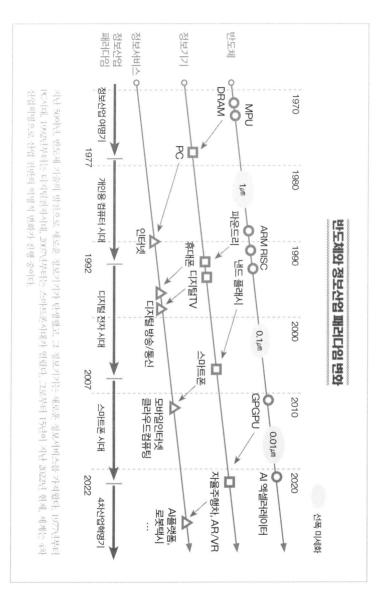

반도체와 정보산업 패러다임 변화

	1970	1980	1990	2000	2010	2020
반도체	MPU, DRAM	1㎛	ARM RISC, 낸드 플래시 파운드리	0.1㎛	GPGPU 0.01㎛	AI 액셀러레이터 선폭 미세화
정보기기		PC	휴대폰 디지털TV	스마트폰	자율주행차, AR/VR	
정보서비스		인터넷	디지털 방송/통신	모바일인터넷 클라우드컴퓨팅	AI플랫폼, 로봇택시 …	
정보산업 패러다임	정보산업 여명기	1977 개인용 컴퓨터 시대	1992 디지털 전자 시대	2007 스마트폰 시대	2022 4차산업혁명기	

지난 50여 년, 반도체 기술의 발전으로 새로운 정보기기가 탄생했고, 그 정보기기는 새로운 정보서비스를 가져왔다. 1977년부터 PC시대, 1992년부터는 디지털전자시대, 2007년부터는 스마트폰시대가 열렸다. 그로부터 15년이 지난 2022년 현재, 세계는 4차 산업혁명으로 산업 전반이 획기적으로 변화가 진행 중이다.

<그림 6>

글로벌 산업지형 변화와 삼성전자

양 ― 반도체 기술발전이 '개인용 컴퓨터' 시대를 열었고, '디지털 전자' 시대를 거쳐 '스마트폰' 시대라는 정보산업의 패러다임을 창출했다. 그 패러다임의 변화 주기가 대략 15년이었고, 반도체 기술이 250~1,000배 정도 향상되는 주기였다고 정리해주셨다. 15년 주기는 일어난 일들의 기록이지만, '왜 15년마다 새로운 패러다임이 시작되었을까?'라는 생각이 든다. 15년이면 새롭게 탄생한 정보 기기와 서비스가 성숙하는 데 충분한 기간이고, 반도체 성능과 가격이 수백 배 향상되면 이전까지 상상 속에서만 존재하던 새로운 정보 서비스가 실용화될 수 있었기 때문이 아닐까 싶다.

이제 반도체가 일으킨 정보산업의 패러다임 변화가 어떻게 글로벌 기업지형을 바꾸어왔고, 삼성이 그 과정에 어떻게 적응해왔는지 이야기해보고자 한다. 먼저 PC가 가져온 정보산업 성장에 삼성은 어떻게 대응했나?

임 ― 삼성은 1969년에 삼성전자를 창립하여 TV 수출사업으로 전자사업을 시작했다. 1974년 말에는 한국반도체를 인수해 반도체 사업에 입문하였고, 1980년에 한국전자통신을 인수해 통신사업에도 참여했다. 삼성의 전자사업 입문은 반도체와 컴퓨터의 발명으로 정보산업이 싹트기 시작한 지 20여 년 지난 시점이었지만, 다행히 이 시점은 PC가 등장하여 정보산업이 본격적으로 성장하기 10여 년 전이었다. 삼성이 전자와 반도체 산업에 대한 경험이 있었기에 PC가 일으킨 정보산업의 폭발적 성장에 참여할 수 있었다고 생각한다.

1부에서 이야기한 당시 상황을 다시 정리해보면, 1983년에 VLSI 메모리반도체 사업도전을 선언한 것이 반도체 사업의 본격적인 시작점이다. PC가 가져온 D램 산업의 폭발적인 성장에 참여하기 위해, 당시 한국의 산업 발전을 몇 단계 뛰어넘는 과감한 결단을 내린 것이다. D램을 발명하고 키워온 것은 미국이었지만, 그 무렵 미국이 급성장하던 CPU에 집중하면서 일본 기업들이 D램 시장을 장악해나가고 있었다. 삼성은 이 산업에 10년여 늦은 후발주자로 참여했으나, 17년 뒤에는 메모리반도체 산업의 완전한 싱글 톱으로 도약했다. 첨단산업에서 후발주자가 선발주자를 추월하는, 전례가 거의 없는 일이 일어났다.

양 ─ PC 시대를 이은 1990년대의 디지털기술혁명으로 반도체 이외의 삼성전자 여러 사업 부문이 도약한 것으로 알고 있다. 반도체 기술발전이 가져다준 커다란 선물을 삼성전자가 받았다고 볼 수 있지 않을까?

임 ─ 디지털 전환 이전의 삼성전자는 기존 아날로그 전자기술의 강자였던 일본의 컨슈머 전자, 유럽의 통신기업들을 추격하는 처지였고, 그 과정에서 오랜 기간 큰 어려움을 겪고 있었다. 수십 년간 전자, 통신 산업에서 축적해온 유럽과 일본의 기술과 브랜드는 넘기 힘든 큰 산이었다. 아날로그 시대의 TV, 전화기 등의 품질과 관련한 아픈 에피소드들[23]이 많이 알려져 있고, 이건희 회장의 1993년의 신경영 선언도 이 같은 한계를 극복하기 위한 몸부림 같은 문화혁명 선언으로 볼 수 있다.

선진 일본, 유럽이 굳건히 지키던 전자, 통신 산업의 리더십은 디지털 기술혁명으로 대변혁을 맞게 되는데, 이 변혁에 대응하기 위한 준비를 가장 잘한 기업이 삼성전자였다. 1990년대 초반부터 삼성전자에는 "디지털 시대에 앞서 나가자"라는 구호를 어디서나 볼 수 있었다. 그만큼 디지털 기술개발에 대한 선제적 투자와 대응을 했다.

변화는 통신 부문에서 먼저 시작되었는데, 삼성전자는 1996년 한국의 CDMA 이동통신 서비스가 시작됨과 동시에 디지털 휴대폰인 '애니콜'로 앞서 나갔다. 이후 유럽 등지로 GSM 휴대폰 수출을 확대하며 시장점유율을 높여나갔고, 1990년대 후반에는 노키아에 이은 세계 2위 위상을 확보했다. 한국의 이동통신 서비스가 비

---

23. 1994년에 삼성의 휴대폰이 경쟁사의 품질에 미치지 못하자 500억 원어치 제품을 불태우는 화형식을 시행하기도 했다.

교적 빠르게 시작하고 정착한 데 힘입었고, 미국의 반도체 기업인 퀄컴과의 긴밀한 협력으로 디지털 기술에서 앞서 나감으로써 기적 같은 도약을 이룬 것이다.

당시 유럽은 노키아 등 통신의 강자들이 GSM 표준의 세계화에 힘입어 약진하고 있었으나, 상대적으로 일본 기업들은 내수시장에 집중했다. NTT가 주도한 일본의 독자 이동통신 표준은 일본시장을 보호했지만, 일본 기업들의 해외 진출에는 한계를 가져다주었다.

TV 방송의 디지털 전환과 관련한 대응도 빨랐다. 특히 TV용 대형 LCD패널 사업이 비교적 이른 시점에 추진되었는데, 1993년경 삼성반도체에 LCD패널 사업을 추진하는 조직이 출범한 것이 그 시작이다. TV용 LCD패널 기술의 원조 격인 일본의 샤프와 기판 대형화 경쟁을 오랫동안 벌인 결과, 2003년경에 삼성이 대형 LCD 패널에서 시장점유율 세계 1위를 차지했다. 반도체에서 이미 경험한 삼성 특유의 선제적 대형 기판 투자가 주효한 결과다. 이와 함께 TV 제품이 디지털 방식의 평판디스플레이로 전환되어 기존 브라운관 TV 시대에 형성된 브랜드 지형을 송두리째 바꿔놓았다. 브라운관 시절, 소니의 트리니트론(Trinitron)은 넘기 힘든 벽이었지만, 디지털 시대의 삼성은 LCD TV에서 가장 뛰어난 세계적 브랜드로 자리 잡았다.

디지털 전환 후 글로벌 전자산업 지형이 확연히 드러난 2000년대 중반, 삼성전자는 TV 세계 1위, 휴대폰 세계 2위의 글로벌 일류 브랜드 기업으로 도약했다. LCD 패널 세계 1위의 위상과 함께, 반도체 사업 이외 부문에서도 삼성전자가 세계적인 전자기업으로 도약했다. 10여 년 사이에 전자산업의 전무후무한 대 개편이 일어난 것이다.

양— 전자산업의 디지털 전환에 이어 등장한 스마트폰의 등장은 글로벌 정보·전자산업 지형에 어떤 변화를 가져왔나?

임— 스마트폰은 그 중심에 컴퓨터를 두고 통신과 멀티미디어가 기능 모듈로서 흡수된 형태이기 때문에 정보·전자산업 판도의 큰 변화가 뒤따랐다. 이 컴퓨터 중심의 모바일 컨버전스는 미국의 컴퓨터 산업이 유럽의 통신, 일본의 컨슈머 전자산업을 붕괴시키는 결과를 가져왔다. 애플의 아이폰, 구글의 안드로이드 스마트폰들이 세계 시장을 장악했고, 그 결과 세계 1위의 휴대폰 제조사였던 핀란드의 노키아가 파산에 이르렀다. 일본 전자기업들이 주도했던 카메라, DVD플레이어 등의 시장도 스마트폰으로 흡수되었다.

삼성전자는 '갤럭시'로 스마트폰 출하량 세계 1위로 도약했다. 자체 운영체제인 심비안(Symbian)을 채택한 노키아가 경쟁력 부족으로 무너진 반면, 삼성전자는 구글의 안드로이드 운영체제를 채택하여 미국 컴퓨팅 기술의 강점을 십분 활용했다.

그러나 이 스마트폰 시대의 최고의 승자는 미국의 대표기업 애플이다. 애플은 뛰어난 소프트웨어, 공급망, 자체 칩으로 독보적인 브랜드를 구축하여 세계 최고 기업으로 등극하였다. 애플 승리의 근원적인 원인은 스티브 잡스라는 걸출한 인물의 존재와 이를 뒷받침하는 애플의 컴퓨터 기술이라고 볼 수 있다. 2005년경 애플의 연구소를 방문한 적이 있는데, HCI(Human-Computer Interface) 기술을 열심히 연구하고 있었다. 당시는 PC가 Windows에 장악된 상황이었기에 매킨토시를 가진 애플이 독자적인 PC를 개발하는 유일한 기업이었다. 그만큼 애플에는 스마트폰 이전에도 컴퓨터 관련 기술이 살아있었다. 결과적으로 미국 소프트웨어와 한국 하드웨어의 결합이 정보·전자 산업계에서 유럽, 일본의 존재감을 크게 약화시켰다.

양 — 앞으로 4차 산업혁명이 정보, 헬스케어, 에너지, 모빌리티 등 전 산업 분야를 혁명적으로 바꿀 전망이다. 새로운 산업 패러다임이 탄생하고 이와 함께 새로운 글로벌 산업지형을 그려질 것으로 보인다.

임 — 이미 크게 성장한 클라우드 컴퓨팅과 e-커머스, e-금융서비스 그리고 그 위에 AI 플랫폼, 암호화폐, 메타버스, IoT 등 수많은 새로운 산업이 등장하여 세상을 바꾸고 있다.

풍부한 인재와 큰 내수시장을 바탕으로 빠르게 성장하고 있는 미국과 중국의 빅테크 기업들과의 경쟁은 쉽지 않다. 그래도 네이버, 카카오 등 플랫폼 기업을 보유한 한국은 일본이나 유럽보다는 상황이 낫고, SNS·게임·콘텐츠 분야 등에서 세계 시장 진출의 교두보를 확보하고 있다. 이들 신산업 중 하나의 분야에서라도 혁신적인 기술이나 비즈니스 모델로 글로벌 일류기업을 창출할 수 있느냐가 관건이다. 국내 산업의 혁신자로 머물러서는 세계 시장에서 한국의 주력 산업으로 자리 잡을 수 없다.

기존 산업 분야 중에서는 앞으로 10년 이내에 모빌리티 산업에서 혁명적 변화가 찾아올 것으로 보인다. 전자산업이 1990~2000년대 디지털 전환기에 대규모 산업지형 변혁을 경험한 것과도 같은 커다란 글로벌 산업지형 변화가 예상된다. 이 변화의 중심에 자율주행 전기차가 있다. 미국의 테슬라가 이미 큰 격차를 두고 앞서나가며 전통의 자동차 강국인 유럽과 일본 기업들의 아성을 위협하고 있다.

이 모빌리티 혁명기에 한국이 어떤 분야에서 글로벌 경쟁력을 만들어낼 수 있느냐가 관건이다. 잘할 수 있는 분야를 선택하고 집중하는 것이 중요하다. 반도체, 배터리, 전기차, 로봇, UAM(Urban Air Mobility) 등 핵심 산업영역에서 한국이 잘할 수 있는 분야가 많다. 특히 미·중 갈등으로 중국이 서플라이 체인에서 배제되는 상황에서는 한국에 분명한 도약의 기회가 있다. 한 분야라도 압도적인 글로벌 톱의 위상을 확보한다면, 한국의 경제 위상이 크게 달라질 것이다.

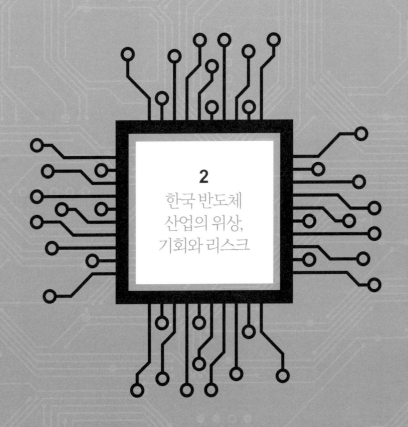

2
한국 반도체
산업의 위상,
기회와 리스크

2

이 장에서는 한국 반도체 산업의 위상을 정리해 보고 미·중 반도체 갈등 시대에 한국 반도체 산업에 주어진 미래 기회와 리스크를 이야기해본다. 한국은 압도적 세계 1위인 메모리반도체뿐만 아니라 파운드리, 이미지 센서, 시스템 칩 등 주요 시스템 반도체에서도 경쟁기반을 확보하고 있다. 따라서 앞으로도 성장을 거듭해나갈 반도체 시장에서 기회가 많다. 반도체 산업은 오랜 기술축적으로 인해 새로운 기업의 참여가 어려운 산업이기 때문에, 한국이 최소 20여 년 이상 키워서 경쟁력을 확보한 반도체 사업들의 가치가 나날이 상승할 것이다.

그러나 반도체 산업의 범위를 팹리스, 소재, 장비 등으로 넓혀 보면 아직 취약한 분야가 많다. 특히 이들 분야에서 깊이 있는 기술을 가진 강소기업을 육성하기 위한 구조적 문제를 해결해야 한다. 중국의 반도체 굴기, 미국의 자국 반도체 강화 정책 등 잠재 리스크는 많다. 그러나 한국의 반도체 산업은 오랜 기간 여러 난관을 이겨내며 치열한 글로벌 경쟁을 돌파해왔다. 할 수 있다는 자신감과 해내겠다는 결기는 언제나 필수다.

글로벌 반도체 산업지형

양 — 반도체가 발명된 이후, 70여 년의 시간이 흘렀다. 처음 시작은 미국이었지만, 이제 반도체 산업은 미국을 중심으로 기술 경쟁력을 갖춘 세계의 국가들이 함께 참여하는 산업으로 변모하였다. 산업의 초창기였던 1960~80년대에는 미국과 함께 일본, 유럽이 산업을 주도했으나, 2020년대에 접어든 지금은 한국과 대만이 일본과 유럽의 자리를 대체한 상황이다. 지금의 구도가 형성되기까지 이 산업 내에서 이루어진 발전과 경쟁에 관해 이야기해보자.

임 — 현재 글로벌 첨단 반도체 설계 및 제조산업은 미국과 한국, 대만의 기업들이 리더십을 형성하고 있다. 시스템반도체 분야는 미국의 인텔, 엔비디아, AMD, 퀄컴, TI 등의 리더십이 굳건하고, 메모리반도체는 한국의 삼성과 하이닉스가 1, 2위를 차지하고 있으며, 파운드리는 대만의 TSMC가 세계 시장을 장악하고 있다. 앞으로도 이 3국이 주도하는 산업 지형이 상당 기간 이어질 전망이다. 첨단 반도체 부문의 강자들이 기술 혁신에서 앞서나가며 후위와 격차를 벌리고 있기 때문이다. 중국의 경우에는 충분한 내수시장을 확보하고 있어서 기술격차만 줄이면 큰 지형변동을 가져올 수 있지만, 미·중 갈등으로 큰 차질이 빚어지고 있다.

양 — 반도체가 탄생한 이후, 선진 산업국이었던 일본, 유럽의 기업들이 초기부터 반도체 산업에 참여했고, 1990년대까지 산업의 큰 부분을 차지했다. 이후 지금과 같이 미국·한국·대만 중심으로 구도가 재편된 이유는 무엇인가?

임 — 1990년대까지만 해도 글로벌 반도체 산업지형이 현재와 크게 달랐다. 1991년에 삼성전자가 처음으로 세계 반도체 매출 10위에 진입했는데, 당시에는 미국, 일본, 유럽이 반도체 산업을 주도하고 있었고, 삼성보다 상위에 미국, 일본, 유럽의 기업들이 각각 3자리씩을 차지하고 있었다.[24] 미국이 주도하던 컴퓨팅 산업이 CPU, 메모리반도체의 대량 수요

---

24. 미국은 인텔·모토로라·TI, 일본은 NEC·도시바·히타치, 유럽은 필립스·지멘스·STM이 반도체 매출 10대 기업에 속해 있었다.

를 창출하고 있었고, 유럽이 주도하던 통신산업과 일본이 주도하던 컨슈머 전자산업도 큰 반도체 수요를 창출하고 있었기 때문이다.

그러나 지난 30년간, 디지털 기술전환과 이어서 등장한 스마트폰으로 인해 반도체 기업지형이 근원적으로 바뀌었다. GSM을 기반으로 성장해온 유럽의 통신용 반도체 산업은 스마트폰 시대로 접어들면서 노키아의 몰락과 함께 무대에서 사라졌고, 미국의 퀄컴 등이 이 시장을 석권했다. 일본의 컨슈머 전자산업과 함께 성장하던 관련 반도체 산업은 전자산업의 디지털 전환과 함께 쇠퇴하기 시작했고, 이후 등장한 스마트폰으로 멀티미디어 기능이 흡수되면서 시장이 사라졌다. 일본과 유럽은 컴퓨팅 산업에서 미국의 확장세를 따라갈 수 없었고, 새롭게 성장하는 메모리와 파운드리 산업에서는 신흥국들과의 경쟁에서 이길 수 없었기 때문에 첨단 반도체 제조산업에서 존재감을 잃은 것이다.

그러나 과거 유럽, 일본 기업들이 주도하던 몇몇 핵심 분야에서는 그 경쟁력이 현재까지 유지되고 있다. 네덜란드의 ASML은 반도체 핵심장비인 노광장비에서 경쟁자가 없는 절대 강자의 위치를 차지하고 있고, 영국의 ARM은 세계 RISC(Reduced Instruction Set Computer)[25] 코어 시장을 석권하고 있다. 일본은 도쿄일렉트론(TEL), 아드반테스트(Advantest), 레이저텍(Lasertec) 등 반도체 장비 기업들과 신에츠 등 소재 기업들이 경쟁력을 가지고 있으며, 소니의 이미지 센서는 세계 1위의 위상을 오랫동안 지키고 있다. 또, 일본과 유럽의 자동차 산업과 함께 성장한 르네사스, 인피니언, NXP 등은 자동차용 반도체 산업의 리딩 기업들이다. 첨단 반도체 제조 산업에서는 경쟁력을 잃었지만, 여전히 반도체 산업에 폭넓게 참여하고 있다고 볼 수 있다.

양 — 반도체 발명국인 미국의 반도체 산업 리더십은 어느 분야에서 두드러지는가?

임 — PC 산업을 탄생시킨 미국은 CPU, GPU 등 프로세서 산업의 절대 강자인 인텔, AMD, 엔비디아 등이 세계 시장을 지배해왔고, 그 기술 역량을 클라우드 컴퓨팅과 AI 플랫폼, 게임산업으로 확장해 프로세서 분야 시장을 석권하고 있다. 이와 함께 퀄컴, 브로드컴, TI, ADI 등 미국 기업들이 통신, 산업기기, 스토리지, 파워 등 다양한 반도체 분야에서 강세를 유지하고 있다. 그리고 메모리의 마이크론, 파운드리의 글로벌파운드리가 첨단 반도체 제조 분야에서 추격의 발판을 마련하고 있다.

향후 큰 시장이 예고되는 자율주행 자동차를 포함해 인공지능

---

25. 명령어를 최소로 줄여 단순하게 만든 프로세서. 인텔의 CPU 등 CISC(Complex Instruction Set Computer) 방식보다 칩의 크기와 소비 전력을 줄일 수 있다.

시스템반도체 분야에서도 미국 기업들의 기술 리더십이 확고해 보인다. 엔비디아, AMD 등이 인공지능 프로세서 시장을 장악하고 있고, 이미 자체 칩을 개발해 격차를 키워가고 있는 애플, 테슬라에 이어 아마존, 마이크로소프트, 알파벳 등 거대 플랫폼 기업들이 자체 칩으로 차별화를 추구하는 추세다.

미국의 이 같은 시스템반도체 기술은 그들의 소프트웨어 역량과 함께 미국 정보산업의 리더십을 지켜주는 핵심역량이다. 그밖에도 AMT, Lam, KLA 등 반도체 장비산업 분야 리딩 기업들을 다수 보유하고 있으며. 시놉시스(Synopsys), 케이던스(Cadence) 등 반도체 설계 소프트웨어(EDA), IP 분야의 지배적 기업들을 보유하고 있다. 미국은 반도체 설계 및 제조 관련 필수기술을 가진 기업들을 통해 반도체 산업 전반의 실효적 통제 능력을 발휘하고 있다고 본다.

양 ― 지난 30년간 급성장한 파운드리 산업 역시 반도체 산업지형에 커다란 변화를 가져왔다. 대만은 어떻게 파운드리 분야를 지배할 수 있게 되었는가?

임 ― PC 시대에는 인텔이 X86 CPU의 설계와 제조를 모두 담당하여 프로세서 시장을 독점하였다. 그러나 1990년대 디지털 시대의 다양한 시스템반도체는 퀄컴 같은 팹리스 기업들이 설계를 주도하고, 이들이 설계한 칩의 제조는 파운드리 기업들이 담당하는 팹리스-파운드리 체제로 전환되었다. 공정의 난이도가 높아지고 제조시설의 투자 규모가 커지면서, 설계 기업이 자체 제조하기보다 제조 전문기업에 위탁 생산하는 편이 훨씬 효과적인 상황으로 바뀌었기 때문이다.

그 결과로 파운드리 산업이 1990년대부터 급성장을 거듭하였는데, 이 시장을 미리 내다본 대만의 모리스 창이 1987년에 TSMC를 설립해 초기부터 시장을 주도했다. 2022년 현재 TSMC는 첨단 반도체 파운드리 분야에서 시장점유율 50%를 상회하는 압도적인 강자이고, 2위인 삼성전자가 첨단 기술개발의 유일한 경쟁자이다. 2021년, 인텔이 파운드리 산업 본격 진출을 선언하여 새로운 경쟁자로 등장했으나, 2025년쯤 되어야 차세대 기술개발 능력을 증명할 수 있을 것으로 보인다. 이 선두권을 미국의 글로벌파운드리, 대만의 UMC가 뒤따르고 있고, 중국도 SMIC를 앞세워 추격하고 있으나 격차는 크다. 4차 산업혁명 시대를 맞아 파운드리 산업은 인공지능 칩 등 첨단공정 시장이 급성장할 것으로 보인다.

양 — 1980~1990년대 메모리반도체 산업에서의 각축한 결과, 1980년대 말 세계 시장의 80%를 장악했던 일본 D램 기업들이 쇠퇴하고, 한국의 삼성전자가 D램 산업에서 세계 1위의 위상을 차지하였다. 현재 메모리 산업의 글로벌 지형은 어떠한가?

임 — 1부에서 상세히 이야기한 대로, 1990년대 말의 D램 대공황 여파로 현대와 LG의 반도체 사업이 합병되어 하이닉스가 탄생했다. 이후로도 오랜 기간 어려움을 겪은 하이닉스는 SK그룹에 인수된 이후 세계 2위의 위상을 굳히고 있다. 삼성과 하이닉스를 합치면 한국의 세계 D램 시장점유율이 70%를 상회한다. 미국의 마이크론이 D램 시장점유율 25%로 3위 기업인데, 과거 D램 경쟁에서 밀린 일본과 대만 기업들이 대부분 마이크론에 인수되었기 때문에, 일본과 대만의 기술자들도 마이크론을 통해 D램 산업에 여전히 참여하고 있는 셈이다. 중국도 D램 반도체의 자급을 추진하고 있으나 아직 큰 성과는 없다. 따라서 현재 전 세계 D램 산업은 삼성전자, 하이닉스, 마이크론 세 기업 간의 경쟁체제다.

플래시 메모리에서도 삼성전자가 세계 1위이고, 하이닉스와 함께 한국이 약 50%의 세계 시장점유율을 차지하고 있다. 플래시 메모리를 공동으로 개발하는 키옥시아(구 도시바)와 웨스턴디지털(구 샌디스크)은 일본에 개발 거점을 공유하며 합산 시장점유율 30%에 달하는 강력한 경쟁력을 확보하고 있다. 마이크론 역시 플래시 메모리 사업에서 두각을 나타내고 있다. 플래시 메모리는 데이터의 폭발적 성장이 예상되는 4차 산업혁명기에 점점 더 중요해질 수밖에 없고, 경쟁 범위 역시 메모리칩뿐만 아니라 3차원 패키지 기술, SSD 스토리지 기술 등으로 확산하고 있다.

이렇듯 플래시 메모리는 한·미·일 5개 기업 간 치열한 기술개

반도체 분야별 주요 기업

메모리	CPU, GPU	디지털 시스템칩	아날로그/센서/ 파워/자동차/기타
삼성전자(한국) SK하이닉스(한국) 마이크론(미국) 키옥시아(일본) WD(미국) YMTC(중국)	인텔(미국) 엔비디아(미국) AMD(미국)	퀄컴(미국) 브로드컴(미국) 마벨(미국) 미디어텍(대만) 삼성전자(한국)	TI((미국) ADI(미국) NXP(네덜란드) 마이크로칩(미국) 인피니언(독일) STM(스위스) ON(미국) 소니(일본) 르네사스(일본) 삼성전자(한국)

파운드리	조립/테스트	전공정장비	IP/ 설계소프트웨어
TSMC(대만) 삼성전자(한국) 글로벌파운드리 (미국) UMC(대만) SMIC(중국)	ASE(대만) Amkor (미국/한국) JCET(중국) PTI(대만)	ASML(네덜란드) AMAT(미국) 램리서치(미국) KLA(미국) TEL(일본) 레이저텍(일본)	ARM(영국) 시놉시스(미국) 케이던스(미국)

미국은 프로세서를 중심으로 대부분의 반도체 분야에서 강세를 유지하고 있다. 특히 반도체 제조장비와 설계 소프트웨어 분야를 장악하고 있기 때문에 반도체 산업을 실효적으로 지배할 수 있다. 그러나 첨단 반도체 제조의 중심인 메모리와 파운드리 산업에서는 한국과 대만이 압도적이다. 일본과 유럽은 반도체 장비, 소재에서 존재감을 보이고 있다.

<그림 7>

발 경쟁이 상당 기간 지속될 전망이다. 최근 중국의 YMTC가 참여한 상황이어서, 아직은 과다경쟁상태에 있는 성장산업이다.

한국 반도체 산업의 기회와 위험요인

양 ― 지금까지 글로벌 반도체 산업지형을 정리해주셨다. 미국이 시스템반도체와 기반기술, 한국이 메모리반도체, 대만이 파운드리 산업의 강자이고, 유럽과 일본도 소재, 장비 중심으로 반도체 산업에서 존재감을 보여주고 있다고 볼 수 있겠다. 지난 50년간 반도체 기술의 발전이 가져온 정보산업 패러다임 변화, 그리고 이 변화에 적응해야 했던 반도체 기업들의 치열한 경쟁이 만들어낸 산업지형이다. 이러한 현재의 반도체 산업지형은 4차 산업혁명 시대의 도래, 미·중 반도체 갈등이라는 새로운 환경 아래에서 또 다른 변혁을 거칠 전망이다.

이제 한국의 반도체 산업에 어떤 기회와 위험요인이 있는지 이야기해보자. 먼저, 한국 반도체 산업의 중심인 메모리 산업의 글로벌 리더십을 지키기 위해 어떤 준비와 대응이 필요하다고 생각하는가? 더불어 향후 위기 요인은 어디에 있다고 보는가?

임 ― 무엇보다 삼성전자와 하이닉스의 기술혁신 능력이 해외 경쟁사들과의 격차를 계속 만들어낼 수 있느냐가 관건이다. 한국 정부와 사회의 강력한 지원 아래 두 기업이 치열하게 혁신 경쟁을 해나가야 한다. 그 결과로 두 기업이 D램에 이어 플래시 메모리에서도 굳건한 1, 2위의 지위를 확보한다면, 그만큼 외국기업들의 시장점유율이 줄어들고 한국의 리더십이 안정될 가능성이 크다고 본다.

앞서 이야기했듯이 메모리 산업은, 크게 보면 한국과 미국 기업들의 경쟁체제이고, 현재 미국 기업들은 일본과 대만의 메모리 기술인력을 활용하고 있다. 미국, 일본, 대만의 기술인재들이 메모리 산업으로 새롭게 대거 유입될 가능성은 거의 없지만, 인도 기술인재들이 미국 메모리 산업에 대거 참여할 가능성은 예의 주시해야 한다. 미국 플랫폼 기업들에서는 이미 인도인 기술인재들의 활약이 두드러지고 있다.

메모리반도체의 가장 큰 시장인 미국이 공급 안정화를 위해 미국 내 반도체 제조비율을 높이겠다는 국가 전략을 수립했다는 점도 잠재적 위험요인이다. 파운드리와 달리 메모리반도체는 범용품이라서 현재와 같은 효율 중심 경쟁체제가 유지될 가능성이 크다. 그러나 미국이 메모리까지 자국 내 제조 비율을 높이는 정책을 채택할 가능성은 있다. 자국 내 제조를 강제할 수 있는 상황까지 가지 않도록 미국 밖의 메모리 제조 비중을 유지해야 한다.

중국은 메모리 산업도전을 위해 대형 국가펀드를 조성함과 동시

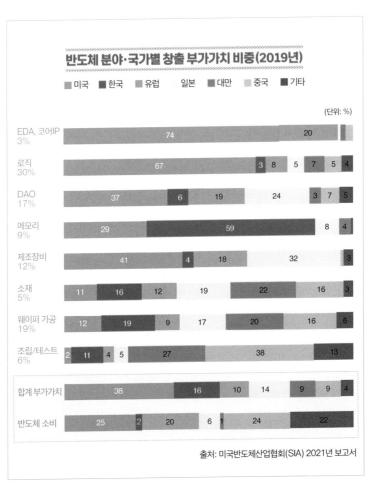

반도체 분야·국가별 창출 부가가치 비중(2019년)

■미국 ■한국 ■유럽 □일본 ■대만 ■중국 ■기타

(단위: %)

분야	미국	한국	유럽	일본	대만	중국	기타
EDA, 코어IP 3%	74		20				
로직 30%	67	3	8	5	7	5	4
DAO 17%	37	6	19	24	3	7	5
메모리 9%	29	59			8	4	
제조장비 12%	41	4	18	32		3	
소재 5%	11	16	12	19	22	16	3
웨이퍼 가공 19%	12	19	9	17	20	16	6
조립/테스트 6%	2	11	4	5	27	38	13
합계 부가가치	38	16	10	14	9	9	4
반도체 소비	25	2	20	6	1	24	22

출처: 미국반도체산업협회(SIA) 2021년 보고서

<그림 8>

에 반도체 인재들을 대규모로 육성해왔다. 이들의 메모리 산업 경
험이 축적될수록 자급률도 서서히 올라갈 수 있을 것이다. 한국의

메모리 기업들 입장에서는 시장의 축소를 의미한다. 그러나 미국의 첨단 장비 수출 제한이 강화되고 있는 만큼, 중국기업들이 글로벌 메모리 시장에서 기술과 품질 경쟁력을 확보하기까지는 다소 시간이 걸릴 것으로 보인다.

양 — 앞선 회고에서 삼성 최초의 로직 전용 라인 건설이 2003년에 추진되었다고 이야기해 주셨다. 이후 삼성반도체는 2017년 '파운드리 사업부'를 출범시켜 이 사업을 미래 성장동력으로 명확히 하였다. 이제 삼성의 파운드리 사업은 세계 2위의 자리에 올랐고, 차세대 기술개발 경쟁에서 선두를 다투고 있다. 그러나 시장점유율이 3배에 이르는 TSMC와의 격차는 여전히 크다. 향후 첨단 파운드리 산업에서 이 격차를 극복할 수 있을까? 이를 위해 어떤 변화가 필요할까?

임 — 현재 반도체 산업에서 가장 중요한 분야가 첨단 파운드리 산업이다. 파운드리 산업은 4차 산업혁명 시대가 본격화할수록 수요가 급증할 것이 분명하다. 각종 시스템반도체 산업과 팹리스 설계 산업과의 시너지도 크다. 한국 반도체 산업의 미래가 이 산업에 달려 있다고 할 수있다. 이 산업은 기술적 장벽이 높아서 새로운 기업의 진입이 극히 어려운 분야다. 불량 셀을 대체하는 예비 셀(redundancy cell)을 활용할 수 있는 메모리와 달리 로직은 완전한 칩만을 사용할 수 있다. 따라서 더 엄

격한 결함제어가 필요하고 수율 확보의 난이도도 높다.

2003년 삼성이 최초의 로직 전용 라인 건설을 추진할 당시의 상황에 비하면 기적 같은 도약을 이루었다고 평가할 수 있다. TSMC에 비해 15년 정도 늦게 첨단 로직 제조를 시작했고, 본격적으로 파운드리 사업부를 발족한 시점은 30년이나 늦었지만, 격차를 크게 줄인 셈이다. 2021년에는 인텔이 파운드리 산업 참여를 선언하고 도전적인 차세대 기술개발 로드맵을 제시했다. 이 파운드리 산업은 TSMC, 삼성, 인텔의 장기 레이스가 될 가능성이 크다.

삼성이 파운드리 사업의 핵심요소인 차세대 공정기술에서 앞서나가는 것이 무엇보다 중요하다. 그러나 1부의 회고에서 이야기한 메모리반도체 사례와 유사하게, 앞선 공정기술이라는 필요조건 위에 완전한 강자가 되기 위한 패키징 기술, 설계 IP, 수율 및 품질관리, 제조 리드타임, 고객 서비스 프로세스 등 종합적인 경쟁력을 장기적 안목으로 강화해나가야 한다. 특히, 다양한 디자인하우스들과 생태계를 구축하여 풍부한 IP를 확보하는 것이 고객 확보의 중요한 요소다. 기술개발 책임자들이 고객을 자주 만나고, 스스로 기술개발의 우선순위를 설정하고, 고객의 요구를 개발실무자들에게 생생하게 전달하는 것이 중요하다. 고객과 기술자의 간격은 좁을수록 좋다. 파운드리 산업에서 필요한 기술 줄기도 메모리 못지 않게 방대한 만큼, 각 기술 줄기의 경쟁력을 빠짐없이 끌어올려야

<그림 9>

종합경쟁력이 생긴다.

파운드리 사업은 메모리반도체와는 달리 고객 사업의 명운이 걸린 고객의 칩의 제조를 수탁하는 만큼, 고객의 신뢰 여부가 이 사업의 승패를 결정한다. 메모리칩 같은 범용 제품의 거래와는 차원이 다른, 사업을 함께 하는 파트너라는 운명공동체 의식이 필요하고, '고객을 섬기는' 마음가짐이 기업문화로 뒷받침되어야 한다.

메모리는 제품의 경쟁력, 토탈 생산성으로 경쟁하기에 공급과정에 대한 자유도가 높지만, 파운드리는 다르다. 파트너사와 섬세하고 치밀한 기술적 소통이 중요하고, 제조과정도 계획대로 정확히 진행되어야 하며, 고객에게 투명하게 내용이 전달되어야 한다. 두

사업의 성공방정식이 크게 다르다. 삼성의 파운드리는 2017년에야 독립 사업부로 분리되었다. 파운드리 사업에 맞는 고유의 기업문화, 업무프로세스를 빠르게 발전시켜야 한다.

대만과 한국의 사업환경도 크게 다르다. 대만은 반도체를 유일한 국가적 산업으로 키우고 지원하지만, 한국은 그렇지 못하다. 대만에는 반도체 산업과 인재확보 경쟁을 하는 분야가 많지 않다. 한국에서만큼 의과대학, 플랫폼산업으로 인재가 분산되지 않는다. 이 문제는 기업의 노력과 함께 국가 차원의 대책이 필요하다.

TSMC의 시장점유율이 60%에 육박하는 현재 상황은, 고객의 선택 여지를 좁히고, 또 그들을 지정학적 위험요인에 지나치게 노출시킨다. 그 위에 한국은 메모리, 파운드리를 모두 가지게 되어 반도체 기술과 제조 인프라의 규모와 시너지 측면에서 유리하다. 장기적 안목으로 역량을 키워나가면 파운드리에서도 도약의 기회가 올 것이다. 미국은 IT 패권을 지키기 위해, 핵심 칩 대부분을 해외에서 제조하는 상황을 탈피하고자 한다. 한국의 기술혁신, 첨단 제조 능력과 미국의 자본, 시장을 묶는 다양한 형태의 전략적 협력 관계를 연구할 필요가 있다.

양 — 앞선 회고에서 삼성의 시스템반도체 사업이 2001년 선택과 집중으로 재출범했다는 이야기를 했다. 당시 선택된 시스템반도체의 상황은 어떠한가? 향후 핵심산업으로 도약할 기회가 있는가?

임 — 삼성은 이미지 센서에서 소니와 선두를 다툴 수 있는 '톱 2'의 위상을 확보했다. 자율주행차 등에서 수요가 급성장하고 있는 만큼, D램과 플래시 메모리를 잇는 주요 사업으로 성장할 전망이다. 소니가 40여년 전 산업 탄생 초기부터 해당 분야 기술혁신을 주도해 왔고, 애플 등탄탄한 고객기반까지 확보한 초일류기업이라는 점을 생각할 때 쉽지않은 경쟁이다. 그러나 시작 당시의 까마득한 기술격차를 세계 어느 기업보다 빠르게 극복한 저력으로 볼 때, 꾸준히 역량을 축적해나가면 메모리반도체에서와 같은 반전의 기회가 올 수 있을 것이다.

그리고 시스템 칩 분야는 스마트폰·TV·SSD 등의 핵심 칩이 내재화되어 완성품 사업의 경쟁력 향상에 기여하고 있다. 디스플레이용 반도체도 그동안 디스플레이 산업의 혁신과 경쟁력에 큰 역할을 해왔다. 시스템 칩 역량을 키워나가면, 앞으로 인공지능 프로세서 등 새로운 사업의 창출 가능성도 있고, 완성품 사업의 경쟁력을 올릴 수도 있으며, 파운드리 사업에도 큰 도움을 줄 수 있다.

양 — 미국이나 중국에서는 반도체 설계 전문 기업인 팹리스가 큰 영역을 차지하고 있다. 한국의 팹리스 기업들은 어떤 상황인가? 어떤 발전기회를 모색해야 한다고 생각하는가?

임 — 한국의 팹리스 기업들 역시 다양한 분야에서 사업을 전개 중이다. 하지만 규모나 보유 기술 측면에서 글로벌 플레이어가 되기는 어려운 수준이다. 엔비디아, AMD, 퀄컴, TI 같은 글로벌 팹리스 기업으로 성장하려면 혁신적인 기술로 새로운 정보산업의 탄생을 이끌거나, 깊이 있는 기술축적으로 로컬 기업과 차별화할 수 있어야 한다. 그렇게 하지 못하면 로컬 시장을 지원하는 역할로 성장할 수밖에 없는데, 한국의 내수시장 규모가 작기 때문에, 팹리스 기업의 성장도 한정될 수밖에 없다.

그럴더라도 시스템 기업들과 협업하여 사업경쟁력을 올려주는 브레인 역할을 하는 팹리스 기업들은 한국 산업 전반의 경쟁력에 매우 중요하다. 파운드리 산업과의 시너지도 크다. AI 등 새로운 반도체와 소프트웨어가 결합하면 다양한 시스템의 혁신을 이끌 수 있다. 최근 AI 액셀러레이터 칩 등으로 글로벌 시장에 도전하는 벤처기업들이 등장하고 있는 점은 고무적이다. 국가적으로 반도체 산업 지원을 넘어 지능형 시스템 산업 고도화 관점에서 팹리스 기업을 육성하는 정책이 필요하고, 팹리스 기업들도 시스템 혁신으로 반도체 사업을 뛰어넘는 가치를 지닌 기업으로 성장하는 길을 모색할 필요가 있다고 본다.

양 — 한국 반도체 산업의 성장이 관련 소재와 장비산업에 성장 기반을 제공했다. 더불어 반도체에서의 성공 경험과 인프라가 초미세(나노) 제조

산업의 확장으로 연결되었다고 볼 수 있다. 이들 산업의 전망에 대해서는 어떻게 생각하는가?

임— 반도체 산업의 성공 경험과 이를 통해 만들어진 관련 산업 생태계가 디스플레이 산업의 성공으로 연결되었다. 디스플레이 산업은 기술 인력뿐만 아니라 소재, 장비 등 많은 부분이 반도체 산업의 인프라를 기반으로 성장했다. 산업 영역은 다르지만, 삼성의 바이오 CMO 산업 탄생 역시 반도체의 성공 경험에 힘입은 바가 크다.

반도체 산업으로 마련된 초미세 첨단제조 산업 인프라는 2차전지를 포함해 전반적인 첨단 소재, 부품 경쟁력을 올리고 있다. 반도체, 디스플레이 소재의 국산화율도 60%에 달하고, 앞으로도 계속 상승할 전망이다.

이에 비해 반도체 장비 분야는 국산화율이 20% 수준에 그치고 있다. 핵심장비 분야에서 한국 기업들의 규모나 인력육성 체계로는 미국·일본·유럽의 글로벌 리딩 기업들이 수십 년간 축적한 첨단기술을 따라잡기 어렵기 때문에, 국산화에 성공한 한정적인 설비나 장비로 국내 반도체 제조산업을 근접 지원하는 전문기업들이 대부분으로, 성장에 한계가 있다. 장비 기업 역시 글로벌 기업으로 성장하려면 긴 안목으로 인력을 육성하고 기술을 축적하는 일이 필수적이기 때문에, 이러한 장기 연구개발 투자를 지원할 수 있는 규모의 기업들이 필요하다. 그럼에도 불구하고 대규모 반도체 제조가 한국에서 이루어지고 있는 만큼, 도약의 여지는 항상 있다. 특히 메모리 제조에 특화된 장비는 가능성이 크다.

반도체 장비 분야는 화학, 소재, 기계, 광학 등 다양한 기술 분야가 융합되어야만 하는 영역이다. 반도체 산업과 연결되어 있으나, 그 기본 역량이 반도체 설계나 제조와는 근원적으로 다른 분야다. 그러나 국내 대학에서 전문적인 연구가 부족한 상황이기 때문에, 준비된 고급 인재가 배출되기 어렵다. 고급 인력 육성체계부터 다시 들여다보아야 한다.

장비에 대한 깊이 있는 이해는 반도체 장비산업뿐만 아니라 반도체 제조산업의 경쟁력에도 중요하므로 다각적인 대책이 필요하다. 한국 반도체 산업은 지금까지 글로벌 선도 장비 기업들과 긴밀하게 협업하며 성장해 왔고, 최근 이들 기업의 기술센터가 한국에 속속 설치되고 있다. 이들이 한국의 반도체 장비 관련 기술 기반을 넓혀줄 수 있고, 잘만 활용하면 반도체를 비롯한 한국의 초미세 기술산업 전반에 큰 도움이 되는 인프라가 될 수 있다. 이들 글로벌 반도체 장비 기업들과 한국 대학의 관련 연구개발을 활성화할 수 있는 정책을 연구해 볼 필요가 있다. 이 기업들도 좋은 기술인재의 확보가 필요한 만큼, 함께 성장할 수 있는 여지가 있다고 본다.

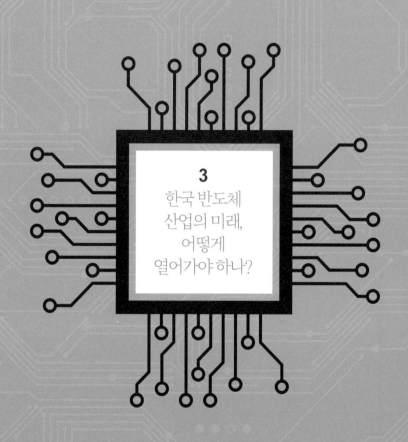

3
한국 반도체
산업의 미래,
어떻게
열어가야 하나?

3

이 장에서는 왜 반도체 산업이 한국에게 주어진 특별한 산업인지 살펴보고, 이 반도체 산업을 지키고 키우기 위해 해야 할 일들을 이야기한다. 먼저, 반도체는 이미 한국 경제의 가장 중요한 버팀목으로 자리 잡았고, 앞으로도 지속 성장하는 산업이다. 그 위에 글로벌 필수재인 반도체 기술에서 '대체 불가능한 역량'을 확보하는 것은 단순한 먹거리 문제를 뛰어넘어 한국의 안보와 국격에도 커다란 디딤돌이 된다.

한국 반도체 산업에 가장 중요한 요소가 기술인재의 충분한 공급이고, 이는 일차적으로 국가의 역할이다. 1,000여 가지에 이르는 기술 줄기의 경쟁력을 책임지는 수많은 히든 히어로들이 한국의 반도체 산업을 지키고 있다. 미래의 히든 히어로들을 키울 수 있는 국가와 기업이 반도체, 나아가 첨단산업 기술경쟁에서 승리할 수 있다.

왜 한국에 반도체 산업이 특별히 중요한가?

양 — 반도체 산업은 한국의 대표기업인 삼성전자, 하이닉스를 창출했고, 200여 기업들을 코스닥에 상장시켰다. 명실공히 한국 경제의 중심축이다. 최근 반도체 산업의 경쟁력을 강화하기 위한 정책들이 정부와 국회에서 논의되고 있다. 이미 자리 잡은 산업을 지원하는 흔치 않은 경우다. 그만큼 반도체 산업이 전략적인 가치가 있기 때문이라고 생각한다. 그 당위성은 충분한가?

임 — 먼저, 지적한 바와 같이 반도체 산업은 한국 경제의 버팀목일 뿐만 아니라 구조적으로 매우 유망한 산업이다. 새로운 경쟁자의 진입이 어려우면서도 시장이 빠르게 성장하는 보기 드문 고수익 산업이다. 기존 영역에서 수십 년간 경쟁력을 쌓아온 소수의 기업이 치열한 기술혁신 경쟁을 벌이고 있기에, 새로운 기업이 기존 시장에 진입해 기술격차를 따라잡기는 점점 더 어려울 수밖에 없다.

그런 한편, 반도체 시장 전반은 4차 산업혁명의 진전에 따라 지속 성장할 전망이다. 급증하는 데이터의 저장과 처리, 인공지능 고도화, 자동차의 전자화 등의 영향으로 반도체 수요는 나날이 증가해 2030년에는 시장규모가 1조 달러에 달할 것으로 보인다. 미·중 갈등, 수요 사이클 변화 등으로 단기적인 굴곡은 있겠지만, 장기적인 성장추세에는 변화가 없다.

다행히 한국은 D램, 플래시 메모리의 절대 강자인 동시에 파운드리, 이미지 센서, 시스템 칩 등 시스템반도체 산업에서도 선두권에서 경쟁할 수 있는 역량을 확보하고 있다. 미국에 이어 두 번째로 많은 분야의 반도체 역량을 보유한 국가다. 이 산업에서 성공을 거둘 충분한 기반이 만들어져 있다.

경제적인 가치뿐만 아니라 전략적 가치도 크다. 최근 중국의 전쟁 위협에 TSMC가 대만의 가장 강력한 안보 자산이라는 견해가 설득력을 얻고 있다. 한국의 지배력이 압도적인 메모리반도체 역시 먹거리 문제를 뛰어넘어 국가의 안보적 가치를 지닌 산업이며, 국격을 올려주는 산업이다. '대체 불가능한 필수재'인 한국의 메모리반도체 없이는 전 세계 4차 산업혁명도 진전되기 힘들다. 메모리 제조의 글로벌 허브인 한국의 안보는 세계 경제의 안보와 직결

된다.

또한 반도체 산업은 신흥공업국 시기의 한국에 주어진 역사의 선물이다. 유럽과 일본은 그들이 신흥공업국이었던 2차 산업혁명 기간에 화학·제약·자동차·항공·정밀기계 등 당시 빠르게 발전한 산업을 발판으로 선진국으로 도약했다. 이와 유사하게 3차 산업혁명 기간에 신흥공업국이었던 한국과 대만은 반도체 산업에서 강국으로 도약했다. 한국, 대만의 산업화 시기인 1980~1990년대에 반도체 산업이 크게 성장하였기에 특별한 기회가 주어졌다고 볼 수 있다.

선진 산업국이던 유럽, 일본이 반도체라는 신산업에서 한국, 대만 등 신흥공업국에 밀려난 사례는 기존 산업국이 신산업에서 인건비가 낮고 인재공급이 충분한 신흥공업국을 이기기 쉽지 않음을 보여준다. 유럽, 일본은 큰 기술격차와 강력한 생태계를 확보한 제약, 화학, 정밀기계, 자동차 등의 '거점산업'을 지켜나감과 동시에 해당 거점 산업들과 시너지가 있는 신산업을 개척함으로써 선진국의 자리를 유지하고 있다. 한국에게는 반도체가 그 '거점산업'의 역할을 해야 할 산업이다. '거점산업'의 생태계를 강화하고, 그 파급효과와 시너지가 있는 신산업을 개척해야 후발 추격자들을 이길 수 있다.

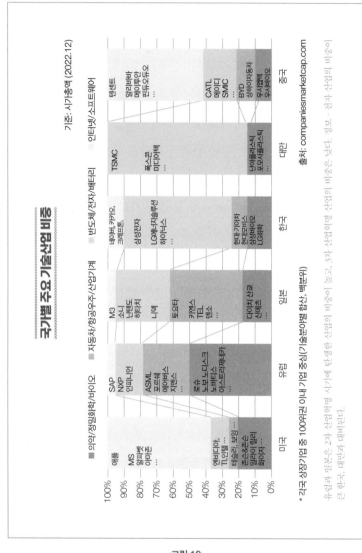

국가별 주요 기술산업 비중

■ 의약/정밀화학/바이오 ■ 자동차/항공우주/산업기계 ■ 반도체/전자/배터리 ■ 인터넷/소프트웨어

기준: 시가총액 (2022.12)

*각국 상장기업 중 100위권 이내 기업 중심(기술군0별 합산, 백분위)

유럽과 일본은 2차 산업혁명 시기에 탄생한 산업의 비중이 높고, 3차 산업혁명 산업의 비중은 낮고, 정보·전자 산업의 비중이 큰 한국, 대만과 대비된다.

출처: companiesmarketcap.com

<그림 10>

양 ─ 반도체 산업은 한국 첨단기술 산업 전반에 어떤 파급효과와 시너지를 불러오고 있을까? 반도체와 그 연관산업이 한국의 강력한 '거점산업'으로 자리 잡을 수 있을까?

임 ─ 반도체 산업의 성공에서 얻은 경험과 인프라가 이미 디스플레이, 배터리, 첨단 부품·소재, 바이오 CMO 등의 초미세 기술산업 전반으로 확산되었다. 이 산업들은 첨단 글로벌 필수재의 공급을 두고 기술혁신, 품질, 원가경쟁력을 기반으로 경쟁한다는 공통점을 가지고 있다. 장기적 안목의 기술인재 확보와 선제적인 대형 시설투자가 필요하다는 점에서 한국의 대기업 경영시스템이 강점을 발휘할 수 있는 산업이다. 반도체 산업의 성공 경험이 확장되는 산업 모델이기 때문에 삼성에서는 오래전부터 반도체 출신 경영진이 초미세 기술산업으로 진출하는 경우가 많았다.

한국은 향후 이 초미세 기술산업 최강국으로서의 위상을 굳혀갈 가능성이 크다. 미국의 견제로 중국이 공급망에서 제외되는 분야가 많고, 한국과 경쟁할 만한 나라는 일본과 대만 정도이지만, 한국이 가장 나은 위치에 있다고 본다. 메모리에 버금가는 압도적 우위의 산업들을 창출할 가능성이 크다.

아직 충분히 성숙하지 못한 상황이지만 반도체 파운드리 산업과 그에 연관된 팹리스 산업은 또 다른 파급효과와 시너지를 가져

세계 주요 기술기업의 기업가치

(1·2차 산업혁명 산업)

< 의약/정밀화학/바이오 >

시가총액
(10억달러)

1,000

100

10

미국

- 존슨&존슨
- 일라이릴리
- P&G
- 화이자, 머크

유럽

- 로슈
- 아스트라제네카
- 로레알, 노바티스

- 바이엘

일본

- 다이치산쿄
- 신에츠화학
- 주가이제약

한국

- 삼성바이오
- LG화학
- 셀트리온

중국

- 항서제약
- 우시앱텍

< 자동차/항공우주/산업기계 >

시가총액
(10억달러)

1,000

100

10

미국

- 테슬라
- 레이시온
- 허니웰
- 보잉, GE
- GM

유럽

- ASML
- 포르쉐
- 지멘스
- 에어버스
- ABB

일본

- 토요타
- 키엔스
- TEL
- 히타치
- 화낙

한국

- 현대·기아차
- 현대모비스

중국

- BYD
- 상하이자동차
- 장성기차
- NIO

유럽과 일본은 의약·자동차·산업기계 등에서 비교적 규모가 큰 기업을 보유

출처: companiesmarketcap.com, 기준: 시가총액 (2022.12)

<그림 11-a>

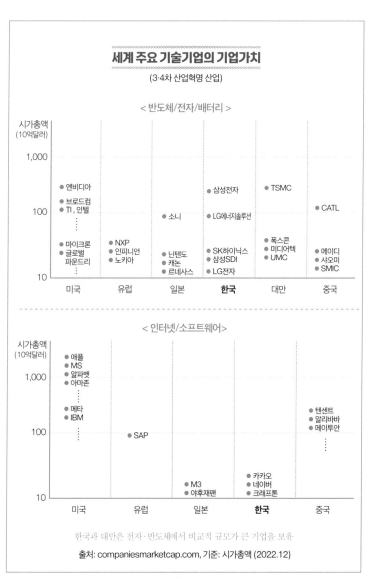

세계 주요 기술기업의 기업가치

(3·4차 산업혁명 산업)

< 반도체/전자/배터리 >

시가총액
(10억달러)

1,000

100

10

미국　유럽　일본　한국　대만　중국

● 엔비디아
● 브로드컴
● TI, 인텔
⋮
● 마이크론
● 글로벌
　파운드리

● NXP
● 인피니언
● 노키아

● 소니

● 닌텐도
● 캐논
● 르네사스

● 삼성전자

● LG에너지솔루션

● SK하이닉스
● 삼성SDI
● LG전자

● TSMC

● 폭스콘
● 미디어텍
● UMC

● CATL

● 메이디
● 샤오미
● SMIC

< 인터넷/소프트웨어 >

시가총액
(10억달러)

1,000

100

10

미국　유럽　일본　한국　중국

● 애플
● MS
● 알파벳
● 아마존
⋮
● 메타
● IBM

● SAP

● M3
● 야후재팬

● 카카오
● 네이버
● 크래프톤

● 텐센트
● 알리바바
● 메이투안
⋮

한국과 대만은 전자·반도체에서 비교적 규모가 큰 기업을 보유

출처: companiesmarketcap.com, 기준: 시가총액 (2022.12)

< 그림 11-b >

올 수 있다. 4차 산업혁명기에는 정보산업뿐만 아니라 헬스케어, 교통, 에너지 등 산업 전반에 고지능 전자시스템이 확산될 것이고, 이 시스템들은 다양한 반도체와 소프트웨어의 결합으로 구현될 것이다. 이 파운드리, 팹리스 산업은 파급효과가 전 산업에 미치는 만큼, 장기적 안목으로 키워나갈 필요가 있다.

무엇을 해야 하나?

양 — 한국의 경제, 안보, 미래산업에서 반도체가 가지는 의미를 잘 정리해주셨다. 반도체 산업이 한국에 매우 특별한 산업이고, 이 산업의 경쟁력에 국가적 역량을 집중해야 할 충분한 타당성이 있다고 생각된다. 미국, 중국, 유럽, 일본, 대만 등의 산업국들이 앞다투어 반도체 산업을 키우고 강화하는 정책들을 채택하는 것도 모두 같은 이유 때문이라고 생각한다.

한국이 반도체 산업에서 성공할 수 있었던 요인을 글로벌 사업 환경, 국가, 기업 등 다양한 측면에서 입체적으로 이해하고 현재 상황을 정확히 진단해야만 향후 무엇을 해야 할지 명확해지지 않을까 생각한다.

임 — 앞선 회고에서 충분히 드러났듯이, 한국 반도체 산업의 성공 요인으로 크게 세 가지를 들 수 있다.

첫째, 성장하는 시장과 우호적인 글로벌 사업 환경이다. 지난 40여 년간 D램 시장이 꾸준히 성장했고, 낸드플래시 메모리 시장이 새롭게 형성되었다. 일본 기업들에 D램 공급을 의존하던 미국 IT 기업들로서는 한국의 메모리 시장 진입이 그들의 선택 범위를 넓혀주는 환영받을 만한 일이었다. 그 덕분에 한국의 메모리 기업들은 우호적인 글로벌 사업환경 속에서 성장할 수 있었다.

둘째, 정부의 적극적인 기술산업 육성 정책과 선제적이고 충분한 인재공급이다. 앞서 여러 차례 이야기한 바와 같이, 1980~1990년대까지 정부 차원에서 적극적으로 반도체 산업을 지원하였고, 2000년대 초반까지도 충분한 반도체 기술인재를 공급했다.

셋째, 기업 경영진의 탁월한 리더십과 구성원들의 뛰어난 팔로어십이다. 앞선 회고에서 상세히 이야기한 바와 같이, 과감한 결단과 '사업보국' 정신의 기업 리더십이 있었고, 오랜 기간 힘든 근무환경을 이겨내고 기술 추월을 이루어낸 수많은 히든 히어로들이 있었다.

지금도 이 성공 요인들은 변함없이 요구된다. 반도체 시장은 앞으로도 성장을 이어갈 것으로 예상되지만, 각국의 반도체 강화정책과 함께 미·중 갈등으로 글로벌 공급망이 재편되고 있고, 정부의 지원, 구성원들의 위기의식과 노동환경도 과거와는 다르다. 반면 축적한 기술이 있고, 기업의 위상이 확보되어 있다. 이러한 현재 상황을 하나하나 잘 점검하고 부족한 점을 보완해야 반도체 산업을 지키고 키워나갈 수 있다.

양 ― 반도체 산업계에서 기술인재의 부족을 오랫동안 호소해왔지만 이를 해소하기 위한 뚜렷한 정책은 없었다. 다행히 최근 반도체 인재육성에 관한 정부와 국회의 논의가 큰 관심을 끌고 있다. 어떤 방향으로 추진되어야 한다고 생각하는가?

임 ― 한국 반도체 산업의 경제적, 전략적인 가치를 지키기 위한 국가 차원의 장기적 인재공급 전략이 필요하다. 인재공급은 일차적으로 국가의 역할이다. 수요기업 주도의 반도체 및 초미세(나노)기술 특성화 대학 설립도 생각해 볼 수 있다. 1970년대에 한국과학원을 설립했던 것과 같은 파격적인 발상도 해볼 만하다. 이와 함께 반도체 전공 교원의 확대, 계약학과 설립 등 기존 대학들을 통한 반도체 관련 인력육성에도 적극적으로 투자해야 한다.

국가는 이 같은 투자를 반도체 산업으로 국한하지 말고, 성공 가능성이 큰 첨단기술 산업에 인재를 충분히 공급하겠다는 시각을 가져야 한다. 향후 30여 년 '대세기술, 필연산업'을 면밀히 읽고 이에 대응하는 인재 수급정책을 수립하려는 노력이 필요하다. 물론 미래 예측은 어렵다. 그러나 과거와 달리 이미 폭넓은 산업기반이 갖추어져 있고, 향후 한국은 이 산업들의 고도화를 통해 성장할 가능성이 크다. 그 고도화에 필요한 대세기술을 정의할 수 있고, 인재의 수요도 어느 정도 예측이 가능하다. 이 부분을 집중적으로 연구하여 선제적으로 대응할 필요가 있다.

국가 인력자원의 전략적인 재배치도 시급하다. 과거 상경계가 주도하던 유통, 뱅킹 등의 서비스 산업이 기술산업으로 바뀌었고, 앞으로도 기술 산업의 비중이 높아질 수밖에 없는 추세다. 이 서비스 플랫폼 산업에 필요한 인재들까지 확보하려면 현재 40%에 불과한 고등학교의 이과 비중을 신속하게 높이는 등 여러 가지 실효성 있는 정책이 필요하다.

양 — 미국의 자국 반도체 제조 확대, 중국의 반도체 굴기를 슬기롭게 극복하는 동시에 새롭게 형성되는 글로벌 공급망에서 한국 기업의 역할을 확대하는 것은 쉽지 않은 도전 과제다. 글로벌 반도체 산업환경의 변혁에 대응하는 기업 내부의 경영 리더십, 팔로어십도 중요할 것으로 보인다. 최근의 노동환경, 기업문화의 변화로 한국 반도체 산업의 경쟁력이 저하될 가능성을 걱정하는 시각도 많다.

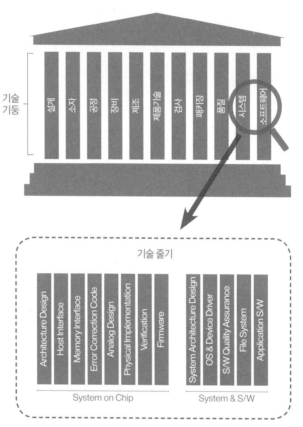

플래시 메모리 기술 기둥과 기술 줄기(예시)

기술
기둥

설계 | 소자 | 공정 | 장비 | 제조 | 제품기술 | 검사 | 패키징 | 품질 | 시스템 | 소프트웨어

기술 줄기

Architecture Design | Host Interface | Memory Interface | Error Correction Code | Analog Design | Physical Implementation | Verification | Firmware

System on Chip

System Architecture Design | OS & Device Driver | S/W Quality Assurance | File System | Application S/W

System & S/W

반도체 기술 영역마다 주요한 기술 기둥이 있고, 각 기술 기둥마다 수많은 기술 줄기가 있다. 이 기술 줄기의 경쟁력이 갖추어져야 제대로 된 제품을 만들 수 있다.

<그림 12>

임 — 그러한 우려가 좋은 자극제이자 변화의 계기가 될 수 있다. 한국 기업들은 과거 지금보다 더 어려웠던 메모리 사업도전을 성공적으로 완수한 경험이 있다. 경쟁력의 기본을 원점에서 점검하고 대책을 세워나가야 한다.

한국이 메모리반도체 산업에서 70%가 넘는 시장점유율을 유지할 수 있는 이유는 방대한 기술 줄기에서 총체적 우위를 확보했기 때문이다. 메모리반도체는 1,000여 가지의 서로 다른 기술이 유기적으로 조합되어 D램과 플래시 메모리 제품으로 완성된다. 그런 이유로 설계부터 소자, 공정, 장비, 제조, 제품기술, 검사, 패키징, 품질, 시스템, 소프트웨어 등 각각의 기술 영역마다 수많은 기술 줄기가 있고 이 기술 줄기들이 모두 갖추어져야 제대로 제품을 만들 수 있다.

시스템반도체, 파운드리도 또 다른 방대한 기술 줄기가 있고, 이 기술 줄기의 경쟁력을 체계적으로 올려 나가야 도약의 기회가 올 수 있다. 하나하나의 기술 줄기마다 경쟁력을 유지하기 위해 10명의 이상의 핵심 엔지니어가 필요한 상황을 고려할 때, 정부와 기업이 함께 노력하여 충분한 기술인재를 확보해야 한다.

기업은 이들이 전문성과 창의성의 깊이를 더할 수 있는 환경을 조성해야 하며, 이들의 열정과 소명감을 끌어내는 리더십을 발휘해야 한다. 수많은 기술 줄기에서 앞서나가는 히든 히어로들을 끊임없이 배출하는 기업이 승리할 수 있다. 이와 함께 과거 반도체 굴기 과정에서 수십 년에 걸쳐 형성된 '위기의식'과 끝까지 해내는 근성 있는 '조직문화'도 잘 지키고 발전시켜 나가야 한다. 글로벌 메이저 산업에서 생존하기 위해서는 철저한 능력 중심 인재등용, 현장 중시, 근성 있는 기업문화가 필수적임을 잊지 말아야 한다.

양— 미국 의회에서 반도체 투자유치를 위한 특별법(Chips & Science Act)이 통과되었고, 일본과 유럽도 역내 첨단 반도체 제조거점을 확보하기 위해 적극적으로 움직이고 있다. 최근 미국의 첨단 반도체 제조 확대 인센티브에 힘입어서 인텔이 파운드리 투자를 확대하고 있다. 각국의 반도체 산업, 특히 파운드리 확대 노력에 어떻게 대응해야 할까?

임— 미국, 유럽, 일본, 중국에서 반도체 산업 육성정책들을 쏟아내는 이유는 반도체 산업이 그만큼 중요하기 때문이다. 글로벌 자유무역의 퇴조가 예상되는 상황이어서, 리딩 파운드리 기업을 유치하여 자국 산업의 고도화에 필요한 필수 시스템반도체의 안정된 공급을 도모하는 측면도 강하다고 본다.

고객과의 소통이 핵심인 파운드리는 현지 공장의 의미가 범용품인 메모리보다 크고, 이미 삼성이 미국에 두 번째 공장을 건설하고 있다. 가능한 한 고객과 가까운 곳에 제조거점이 있는 것이 유리하다. 미국이 첨단 반도체 제조경쟁력을 확보할 수 있을 만큼 충분한 기술 인재를 단기간에 확보하는 것은 현실적으로 어렵다. 미국 내 파운드리는 확대되겠지만, 대만과 한국에 대한 의존은 상당 기간 계속될 것으로 본다. 미국의 자본과 시장, 한국의 기술을 활용하는 창의적 협력모델을 연구할 필요가 있다.

결국, 파운드리는 기술 리더십과 고객과의 파트너십이 핵심이다. 앞서 이야기한 바와 같이 기술 줄기를 튼튼히 하면서 파운드리 사업의 종합적인 경쟁력을 꾸준히 올려 나가는 것이 중요하다고 생각한다.

양 — 최근 미국 내 반도체 투자촉진 정책에 힘입은 마이크론의 미국 내 메모리 투자 확대를 발표했다. 반면, 미·중 반도체 갈등으로 첨단 반도체 제조 장비의 중국 내 반입에 제한이 가해지면서 중국에 있는 삼성과 하이닉스 메모리 제조거점들의 효율성에 문제가 생길 수밖에 없다. 이 같은 상황에서 한국 메모리 산업의 위상이 흔들리지 않으려면 어떻게 해야 할까?

임 — 중국 내 기존 메모리 제조시설은 장기적으로 축소가 불가피하겠지만, 메모리 공급망의 혼란은 미국에게도 바람직하지 않기 때문에, 그 속도는 조절이 가능할 것이다. 정부와 기업이 미국과 긴밀한 소통하여 부작용을 최소화해야 한다. 범용품인 메모리는 품질과 원가 측면에서 상대적 경쟁력이 중요하고, 메모리 공장은 효율성 중심으로 확장하는 것이 합리적이다.

미국 내 메모리 제조거점의 건설도 장기적 관점의 경쟁력 평가를 기반으로 검토해야 한다. 과거 미국에 위치했던 한국과 일본의 메모리 제조공장들은 모두 매각되거나 파운드리로 전환된 바 있다. 당시에는 원가경쟁력이 없었다.

무엇보다 수도권 규제나 환경 규제 같은 국내 반도체 제조 확장을 제약하는 제반 요소들을 빠르게 해결하는 것이 중요하다. 그리고 국내 제조가 경쟁력 약화 요인이 되지 않도록 미국의 인센티브 정책과 관련한 적절한 대응책이 필요하다. 미국 정부가 자국 내 제조 제품을 강제할 수 있는 수준으로 미국 내 메모리 제조 비중이 올라가서는 안 된다.

한국과 미국의 정보산업은 서로 보완하는 부분이 많기 때문에, 미국의 이익에 부합하면서도 한국 반도체 산업의 성장을 이룰 수 있는 새로운 반도체 공급망을 형성할 수 있는 여지가 많다. 결국은 한국이 기술 경쟁력의 우위를 유지하는 것이 가장 중요하다. 한국의 메모리반도체는 지금은 부동의 1위지만, 국가 차원의 체계적 인재공급과 정책지원, 경영진의 지속적인 위기의식과 시대에 맞는 리더십, 끊임없는 히든 히어로스 육성 등 중심축이 하나라도 무너지면 위기를 맞게 될 것이다. 메이저리그의 챔피언 자리를 지키기는 쉽지 않다. 긴장의 끈을 놓지 말아야 한다.

에필로그

이 책이 완성되기까지 내내 조심스러웠다. 수많은 사람들이 오랜 기간 헌신적으로 일하여 일군 반도체 산업에 관해 섣불리 이야기 하는 것은 아닌지 부담스러웠다. 그럼에도 이 책을 펴내는 이유는 반도체 산업의 국가 차원의 전략적 가치와 경쟁력의 요체를 다시 돌아보고, 이를 통해 산업의 경쟁력을 올리기 위한 한국 사회의 의지와 지원을 끌어내는 일이 절실한 시점이라고 생각했기 때문이다.

이와 함께 비교적 덜 알려진 플래시 메모리 등 D램 이외의 메모리 개척 역사에 대한 기록을 남겨야겠다는 생각도 있었고, 첨단기술 산업에 뜻을 둔 많은 젊은이들의 미래구상에 도움이 될 만한 현장의 이야기를 남기고 싶다는 생각도 있었다.

이 반도체 굴기 이야기는 나의 개인적 경험에 근거했기에, 빠뜨리거나 제대로 평가하지 못한 수많은 이야기들이 있을 것이다. 무엇보다 반도체 굴기 현장에서 오랜 기간 꿋꿋하게 기술 기둥을 세운 주역들까지도 '히든 히어로스'로 남겨두어야 했다. 앞으로 더 많은 이야기가 출간되어 한국 사회가 반도체 산업의 성공이라는 특별한 경험에서 더 많은 영감을 얻기를 바란다.

1970~1980년대 한국인들은 분명 스스로의 운명을 바꾸어 '잘 살아 보자'는 의지가 있었다. 이 의지를 집약시킨 국가 지도자가 있었고, 이들을 이끌고 새로운 산업대륙을 개척해나간 기업의 리더십이 있었다. 당시 한국은 산업입국의 의지 아래 수많은 산업에 도전하였고, 크고 작은 성공을 경험했다.

반도체 산업도 그중 하나였다. 그러나 그 성공의 크기가 남달랐던 것은 그 산업이 미래 '대세기술, 필연산업'으로 거대한 시장을 형성하였으며, 한국의 산업화 시기에 기술혁신이 이어지고 시장이 성장하여 리더십을 확보할 기회를 주었기 때문이다. 선진국의 기술축적이 너무 오래 진척되어 기술추격이 불가능한 여타 산업 분야들과는 그 결과가 크게 달랐던 것이다. 미래를 내다보는 혜안으로, 너무 늦지 않은 시기에 첨단 반도체 사업에 도전했다는 것이 성공의 시작점이었다.

한국 반도체 산업의 성공은 미래 '대세기술, 필연산업'에 제때에 투자하는 것이 중요하다는 시사점을 주었다. 그리고 이 같은 '대세기술, 필연산업'을 이끌 인재를 선제적으로 육성하는 것이 중요하다는 사실도 알려주었다.

이미 한국의 중추 산업으로 자리매김한 반도체 산업은 세계 1위에 오른 메모리반도체를 넘어 파운드리, 이미지 센서 등 시스템반도체 분야로 그 리더십이 확장되고 있다. 지난 40여 년간 치열한 글로벌 경쟁 끝에 이루어낸 한국 반도체 산업의 위상이다.

반도체 산업은 4차 산업혁명기에도 지속적인 성장이 예상되는 산업이지만, 기술축적의 깊이가 있어서 새로운 경쟁기업이 진입하기 힘든, 매우 특별한 산업이다. 미·중 갈등의 중심에 반도체가 있고, 유럽과 일본도 이 산업을 키우기 위해 안간힘을 쓰고 있다. 그 중요성을 모두가 알고 있기 때문이다. 이 산업을 지키고 확장하면 한국의 경제, 미래산업 나아가 안보와 국격까지 공고히 할 수 있다. 한국에 특별한 기회를 주는 산업이고, 국가적 역량을 집중할 가치가 충분한 산업이다.

한국 반도체 산업의 가장 큰 리스크는 기술인재의 부족과 이에 따른 기술경쟁력 약화다. 메모리반도체에만 1,000여 가지의 기술 줄기가 있고, 한국 반도체 산업 전체로 넓혀보면 3,000여 가지를 상회할 것이다.

　이 기술 줄기 하나하나가 중요하다. 이 기술 줄기들의 경쟁력을 지키는 정상급 인재들이 한국 반도체 산업의 '히든 히어로'다. 이들은 고도의 전문성과 실무능력을 갖추고 있고, 오랜 기간 꾸준하게 자신들이 담당한 기술경쟁력을 스스로 강화해 왔다. 한국의 반도체 산업을 지키고 있다고 자부할 만하다.

　히든 히어로는 반도체 산업에만 필요한 것이 아니다. 앞으로도 반도체를 포함한 첨단기술산업이 한국의 중심산업이 될 것이고, 광범위한 영역의 기술혁신 레이스가 계속될 것이다. 고도화된 첨단 기술산업 경쟁에서 승리하려면, 깊이 있는 전문성 위에 창의적인 발상과 열정, 소명감을 갖춘 수많은 히든 히어로들이 필요하다. 이들이 성장할 수 있도록 충분한 기회를 제공하고, 이들이 이룬 성과에 대해 공정한 평가와 적절한 보상을 해주어야 한다. 무엇보다 우리 사회가 이들이 하는 일의 중요성을 제대로 인식하고 그 일을 하는 이들을 아껴야 한다. 미국이 실리콘 밸리를 키워낸 비결이 여기에 있다.

히든 히어로들이 개인의 성공과 함께 국가의 발전에 기여한다는 보람을 느끼게 하는 국가가 발전할 수 있다. 이들은 혼신의 노력으로 우리의 기대에 응답할 것이고, 국가발전의 진정한 주역이 될 것이다. 한국이 살고 모두가 사는 길이다.

임형규

한국 반도체 산업의 도전과 성취,
그 생생한 현장의 이야기

히든 히어로스

초   판 1쇄 인쇄 2022년 12월 17일
         1쇄 발행 2022년 12월 22일
지 은 이 임형규, 양향자
펴 낸 이 박경수
펴 낸 곳 디케
등록번호 제2011-000050호
등록일자 2008년 1월 17일
주   소 서울시 노원구 월계로 334, 720호
전   화 070-8774-7933
팩   스 0504-477-3133
이 메 일 soobac@gmail.com

ISBN 978-89-94651-52-1 03300

※잘못된 책은 바꾸어 드립니다.
※책값은 뒤표지에 있습니다.